सहज दर्पण

सत्य, प्रेरणा, अनुभूतियाँ

सौम्या तिवारी 'सहज'

दर्शन, आध्यात्म, विज्ञान, साहित्य और कला-प्रेमियों को...
समर्पित

आभार

अगर वो सब ना हुआ होता,
तो क्या ये सब हुआ होता?!... नहीं।
इसीलिए,
उन सभी घटनाओं, लोगों, जगहों, यादों, अनुभूतियों, अनुभवों, त्रासदियों
के लिए मैं कृतज्ञ हूँ; जिन्होंने मुझे कलम उठाने के लिए मजबूर किया।

आभारी हूँ उस छत के बगीचे और उसकी निर्माता - मेरी माता के लिए, प्रकृति की
शालीनता-स्थिरता, खुले आकाश, उड़ते पक्षी और उस एकान्त के लिए;
जिन्होंने हमेशा मुझे गहरे अवलोकन में उतरने दिया।

माता-पिता, गुरुजनों और ईश्वरीय कृपा को...
प्रणाम

सौम्या तिवारी 'सहज'
25 अप्रैल, 2025

भूमिका

नमस्कार!

स्वागत है आपका! मेरी प्रथम पुस्तक में!

21 वीं सदी के प्रारम्भ के साथ जन्मी मैं, पिछले 12 वर्षों में मेरे भीतर उठी कुछ काव्य तरंगों को इस किताब में रख रही हूँ। और अपने जीवन के रजत वर्ष में इसे आप तक पहुँचाने का पहला प्रयास कर रही हूँ।

मैं भारत के एक छोटे-से शहर, मध्यप्रदेश की 'हृदय नगरी'- 'हरदा' जिले से हूँ। वहीं से मैंने अपनी स्नातक तक की शिक्षा प्राप्त की है। गणित-विज्ञान विषयों की विद्यार्थी रही हूँ। कुछ अनहोनी से उपजी आजीविका में पिछले तीन-चार वर्ष कार्यरत रही। बचपन से साहित्यिक और दार्शनिक रुझान होने के कारण अपने लेखन को आज एक किताब का स्वरूप दे पाई।

लेखन मेरे लिए एक नैसर्गिक प्रक्रिया रही है, बस अचानक आने वाले लयबद्ध विचारों को पहचानना ही जागरूकता माँगता है, उसके बाद की कड़ियाँ तो अपने-आप बनती जाती हैं; जब तक उन्हें रोकने का इरादा ना किया जाए। मगर जीवन के हर महत्वपूर्ण विचार को अंकित नहीं कर पाई। ना जाने कितनी ऐसी अनगिनत लहरों को उठते देखा; जो उठीं और सागर में फिर समा गईं; बिना उनकी थाप को झेले...

अपने वर्षों के instinctive लेखन में से मैंने हिन्दी भाषा के केवल उसी लेखन के कुछ अंश को इस किताब में रखा, जिसमें मुझे थोड़ा काव्यपन लगा; कुछ अपवादों को छोड़कर। (गद्य खण्ड और कुछ अन्य को अलग से प्रकाशित करने का विचार है।)

ये रचनाएँ कभी आपको प्रेरित करती है- परिंदों की तरह उड़ने को, आसमान की तरह खुलने को, कभी सच को खोजने पर मजबूर करती हैं, कभी खुद से जोड़ती हैं। कभी अवलोकन करती हैं रहस्य का, कभी अनुभूतियाँ साझा करती हैं; सुख-दुख की। कभी मन की गहराइयों से जोड़ती हैं; वो मन, जो स्वाभाविकता से सबका समान है।

इस किताब में तरह-तरह की रचनाओं को मैंने रसों या विषयों में वर्गीकृत ना करके जिस क्रम में असल में लिखा गया, उसी क्रम में रखा है। हर एक रचना के शीर्षक के

नीचे बाईं ओर बारीक अंकों में मैंने उसके वास्तविक लेखन की तारीख का उल्लेख किया है, क्योंकि उन दिनांकों से मेरा एक नाता है। हर रचना किसी अलग-अनूठी परिस्थिति में लिखी गई है, क्योंकि हर आने वाले विचार के दौरान हम लिखने के लिए अनुकूल अवस्था में हों, ऐसा अधिकांश नहीं होता; कुछ अनुकूलन हमेशा बनाना पड़ता है। हर एक कविता/विचार किसी विशेष अवस्था में बनता है, और जीवन की हर नई अवस्था से होकर गुजरना हमें कुछ नया बनाता है।

मैं अब वो नहीं जो तब थी,
मगर फिर भी मैं वही हूँ।

विचार/भावनाएँ कभी एक-से नहीं रहते। परिस्थितियों के साथ अनुभूतियाँ बदलती रहती हैं; विचार चाहे बदलते रहें, हम वही रहते हैं।

"रहस्य" के अलावा बाकी सभी रचनाएँ जागते हुए ही लिखी हैं, मगर वे भी अवचेतन की ही गहराइयों से निकली हैं। इसीलिए, मेरे अवचेतन से कागज़ तक और फिर वही कागज़ आप तक – दर्पण हो गए... विभिन्न प्रतिबिम्बों के...

बाकी अब कविताएँ अपने-आप में भूमिकाएँ बाँध देंगी... आप बस मेरे "मैं" को कहीं-कहीं अपना "मैं" समझकर पढ़ना...

सौम्या तिवारी 'सहज'
25 अप्रैल, 2025

दर्पण है ये जग,

देखना चाहें, तो देख लें,

खुद को...

वर्तमान में!

Oct, 2014

हे मानव!
तू कर अपनी पहचान
कर अपने पथ की पहचान
वर्तमान में!

खंगाल स्वयं को
समझ अपनी खूबियों को, शक्तियों को
कर ले सारे सत्कर्म
वर्तमान में!

सोच मत, बस कर ले!
वह सारे कर्म,
जो हैं तेरे स्वप्न!
जी ले तू!
वर्तमान में!

उठ! संघर्ष कर!
जूझ अपने जीवन से!
पा ले अपना ध्येय!
वर्तमान में!

वर्तमान में रह भविष्य का विचार
नासमझी है, मूर्खता है।
भविष्य की परिस्थितियाँ तू नहीं जानता,
कल को तू नहीं पहचानता!
कर ले जो करना है,
वर्तमान में!

"प्रत्येक पल अनमोल है";
यह कथन तू जानते हुए भी नहीं जानता!
हे मानव!
समझ इस कथन का अर्थ,
वर्तमान में!

कभी–कभी अन्याय का विरोध
चाहकर भी नहीं कर पाता,
स्वयं को कर कठोर इतना
कि तूफान भी तुझे तोड़ न पाए!
नहीं झुकेगा समक्ष अनीति के
कर यह दृढ़ निश्चय
वर्तमान में!

गतिशीलता ही जीवन है,
ठहराव तो मरण है।
हे मनुष्य!
समझ इस जीवन का रहस्य,
त्याग अपना आलस्य!
वर्तमान में!

तू आज जो है,
कल नहीं बन सकता।
आज का काम, कल नहीं कर सकता।
कर सदुपयोग वर्तमान का,
उज्ज्वल बना भविष्य स्वयं का!
वर्तमान में!

सामाजिक उत्थान

2014

लोक कल्याण कामना है तो
पकड़ो यही कमान,
करो तुम सामाजिक उत्थान!

दिया गया अवसर है,
समझो इसे, ये दुर्लभ है!
तुम्हें मिला वरदान,
करो तुम सामाजिक उत्थान!

तुम्हें मिली है ज़िंदगी,
छोड़ो अब ये बंदगी।
तुम हो यहाँ मेहमान!
करो तुम सामाजिक उत्थान!

रहस्य : मेरे अवचेतन मन की रचना

"रहस्य" का रहस्य

इस कविता को पढ़ने से पहले, ये पढ़िए कि इसे किस प्रकार लिखा गया... क्योंकि जिस प्रकार मैंने इस कविता को लिखा, उस प्रकार दूसरी किसी कविता को नहीं लिखा।:

मेरी कक्षा 12वीं बोर्ड की परीक्षाओं का दौर चल रहा था; मार्च, 2017 में; और तीन दिन बाद गणित की परीक्षा होनी थी। दिन में थोड़ा पढ़-लिखकर रात में आराम से सो रही थी। गहरी नींद लगी थी, अचानक महसूस किया कि मैं एक अद्भुत सपना देख रही हूँ और नींद में कोई कविता बना रही हूँ।

फिर क्या... मैंने उसे महत्व दिया। बगल में ही कॉपी-पेन रखा था, तुरन्त उसे उठाकर, कलम को कागज़ से लगाकर, आँखें बन्द करके, करवट लेकर लेट गई।

फिर जो हुआ वो भी कमाल था। बन्द आँखों में अद्भुत स्वप्न चल रहे थे, कविता भी लगातार बनती जा रही थी और मेरी कलम उसे कागज़ पर उतार रही थी।

तो ये है मेरी रचना "रहस्य" का करिश्माई रहस्य!

(उन पन्नों पर वो तिरछी लिखावट में अब भी रखी है। इससे पहले भी मैंने कुछ कविताएँ और लेख लिखे थे, लेकिन ये उन सबसे अलग थी।)

अब पढ़िए,
मेरे अवचेतन मन की रचना: *"रहस्य"*...

रहस्य

13.03.17

रहस्य कामनाओं का सफल सम्पादन करता है।
रहस्य भावनाओं का सम्मान करता है।

रहस्य कर्मों का अनुसरण करता है,
रहस्य विचारों के प्रवाह को नया रुख,
नई दिशा प्रदान करता है।

रहस्य वह नहीं जो साधक के लिए बाधक सिद्ध हो,
रहस्य तो वह है जो साधक का आराधक बनता है!

रहस्य कर्मों का सफल निष्पादन करता है।
वह विचारों को मूर्त रूप प्रदान करता है।

साधक की साधना ही उसकी आराधना है!
वह तो साधक के विचारों की सफलता का सम्पादन ही
अपना कर्त्तव्य समझता है।

रहस्य दृष्टिहीन है!
वह तो साधक द्वारा दिष्ट मार्ग का ही अनुसरण करता है!

रहस्य आकर्षण है,
साधक के अन्तःकरण में उद्दीप्त प्रकरण का!
रहस्य प्रतिरूप है, विचारों का!
रहस्य आश्चर्यजनक है!
रहस्य कल्पना ही नहीं, यथार्थ है!

जो व्यक्ति द्वारा व्यक्त विचारों का
इस व्योमातीत संसार में व्यतिकरण करता है!

रहस्य कल्पना के लोक से आरंभित हो
उस अनन्त-चरम-बिन्दु को
स्पर्श करता है!

रहस्य व्यक्ति की कल्पनाओं को
यथार्थ के समतल पर अंकित करता है।
"कल्पना ही भविष्य है, कल्पना का यथार्थ से गहन सम्बन्ध है";
का बोध रहस्य ही कराता है।

रहस्य प्रकृति का सिद्धांत, उसका अनुशासन है!
रहस्य असम्भव को सम्भव बनाता है।

रहस्य परम-आदरणीय है।
रहस्य आज भी रहस्य है!

रहस्य का स्थान सम्पूर्ण सृष्टि के सारांश में सर्वश्रेष्ठ है!

सृष्टि जड़ है, तो रहस्य चेतना है!

सृष्टि धड़ है, तो रहस्य आत्मा है!

"इस ब्रह्माण्ड में व्याप्त ऊर्जा ही रहस्य का सत्व है।"

समय का काँटा

June, 2017

समय का काँटा

जब आगे बढ़ता जाए,

जब चाहकर भी तू उसे रोक ना पाए,

उसे खो देने का तेरे मन में डर बैठा जाए,

ना जाने क्यों जब तू यूँ ही घबराए,

दिल की धड़कन का कंपन जब तेज़ होता जाए,

हथेलियाँ थरथराएँ, कदम डगमगाएँ,

शब्द लड़खड़ाएँ, माथे पर सिकुड़न पड़ जाए,

ज़हन का तनाव आँखों से बयान होने लग जाए...

समझ ले... यही है वो वक़्त
जब सब्र का बाँध.. तोड़ा जाए!

वे दीवारें गिरा दी जाएँ, जो तुझे घेरे हैं चारों ओर!
जो आने से रोकें रोशनी की एक किरण भी तेरी ओर!

जो झूठ है, मगर तुझे सच लगे,
जिसका झूठा वजूद तुझे अपंग करे।

नादान! समझ इस गुत्थी को,
जो कहे तुझसे : "यही है वो अंधेरी रात,
जिसके तुरन्त बाद होती है सूरज की किरणों की बरसात!"

समझ उन अनकहे इशारों को, जो कहे तुझसे

पूरी तरह आज़ाद होने को;

मन के वहमों से, अपनाए हुए अंधेरों से!

जान ले अब खुद को!

बढ़ा ले उन कदमों को,

जो बेवजह थके हुए थे।

वो कहे तुझसे :

समय के काँटे की तरह अब तू भी चलता चल!

एक बार में एक कदम ही सही, आगे बढ़ता चल!

परिस्थितियों से, त्रुटियों से, सीखता चल!

क्योंकि ठहराव वहीं है, जहाँ बहाव नहीं है।

स्वप्न

14.06.18

यथार्थ के इन्द्रिय बोध मस्तिष्क की गहनता में उद्धृत हो जाते हैं।
वही प्रकृति द्वारा प्रदत्त अन्तर्विष्टी बाह्य परिप्रेक्ष्य के अभाव में एक कल्पना के रूप
में उद्धटित होने लगती है – स्वप्न लोक में।
यही बुद्धि पर प्रतिपादित बाह्य परिदृश्य का इन्द्रिय बोध आंतरिक स्वच्छंदता की
उपस्थिति में उसी अन्तर्विष्टी की यादृच्छिकता के साथ स्वयमापेक्षित रूप में
उद्धटित होने लगता है – स्वप्न लोक में।

जब स्वप्न में भी स्वप्न देखा जाए, एक बार का स्वप्न टूटते ही यथार्थ का आभास

हो, किन्तु द्वितीय चरण का स्वप्न टूटते ही बोध हो कि *'यह भी स्वप्न ही था''* तब

यह विचार आता है कि *'कहीं यह यथार्थ भी स्वप्न तो नहीं!?''*

...

वह स्वप्न, जहाँ किसी के न छूने पर भी,
किसी के छूने का एहसास होता है।
वह स्वप्न, जहाँ किसी के न होने पर भी,
किसी के होने का एहसास है।
वह स्वप्न, जहाँ मुँह में रिक्तता होने पर भी,
ज़बान में स्वाद का एहसास होता है।
वह स्वप्न, जहाँ वायु की शुध्दता होने पर भी,
तीक्ष्ण गंध की अनुभूति है।
वह स्वप्न, जहाँ शान्ति होने पर भी,
कोलाहल सुनाई पड़ता है।
जहाँ **एक** और **"मैं"** होता है!

वह स्वप्न भी रहस्य है;
जहाँ यथार्थ नहीं, उसके एहसासों का सागर है।
कहीं यह यथार्थ जहाँ अनुभूतियों का महासागर है; **छद्म तो नहीं!?**
क्योंकि एहसास तो यथार्थ से परे भी मौजूद हैं।

मैं, मैं हो रही हूँ

29.06.18

बदल नहीं रही,
मैं, मैं हो रही हूँ।
जो कुछ मेरा मुझसे खो चुका था,
उसे फिर बो रही हूँ।
कठिनाइयों के समंदर में
जो बह गया था,
तूफ़ानों के बवंडर में
जो ढह गया था,
चुनौतियों के समीप उसे ढूँढ रही हूँ।
मैं, मैं हो रही हूँ।

परिस्थितियों की मार से?
या मौसम की बहार से?
ना जाने कैसे,
खुद से दूर हो गई
खुद ही खो गई।
ज़िंदगी के करीब,
फिर उस ज़िंदादिली को
खोल रही हूँ।
"बोझ क्या है?" यही खोज कर
उसे "मौज" में बदल रही हूँ।
झूठ के करीब होकर,
सच को ढूँढ रही हूँ।
सभी की अपेक्षाओं से दूर,
अपनी आकांक्षाओं की राह पर,
कर्म के बीज बोकर,
कृतज्ञता से मस्त हो रही हूँ।

वास्तविकता की खोज में,
अपना अस्तित्व खो रही हूँ।

…

वो नज़ारे अद्भुत थे,
वो भावनाएँ अद्भुत थीं,
वो दृष्टिकोण अद्भुत था!
वो छरहराती फुहार वाली बारिश का मौसम था!
उसी गुम हुई बरसात के पानी को फिर ढूँढ रही हूँ।

दूसरों की बुराइयों और गलतियों को
कभी उनकी मजबूरियाँ,
कभी उनकी नादानियाँ,
और कभी उनकी गलतफ़हमियाँ
समझकर छोड़ रही हूँ।

…

बाहर एक सामान्य-कर्ता
और अंदर एक खोजकर्ता थी।
अपनी वास्तविक प्रवृत्ति की ओर
उन्मुख हो रही हूँ।
(खुद की ओर मुड़ रही हूँ)
खुद के सवाल,
खुद ही से पूछ रही हूँ।

परिवर्तन भी अब स्वाभाविक है,
क्योंकि वास्तव में तो मैं भी प्रकृति हूँ!
और अब... मैं, मैं हो रही हूँ!

आज कुछ "है"

16.07.18

आज कुछ "है"
और अगले ही पल वो "था" हो गया।

मैंने अभी जो देखा, जो सुना,

जो कहा, जो किया,

सब तुरन्त "भूत" हो गया।

यहाँ बनना और बिगड़ना साथ-साथ है।

और जब कुछ बनते ही बिगड़ जाए,

यानी अस्तित्व में कुछ है ही नहीं!??!
सिवाय हलचल के...
सिवाय **स्पन्दन** के।

ज़िंदगी यूँ ही गुज़र रही है

18.07.18

ज़िंदगी यूँ ही गुज़र रही है।
इसे यूँ ही ना कटने दीजिए।
ज़िंदगी पानी की तरह लगातार बह रही है।

कुछ तो करतब दिखाइए; लहरों की तरह!

वैसे.. लहरें कितनी भी ऊँची उठ जाएँ,

क्या फ़र्क पड़ता है?!
उन्हें दोबारा पानी की धारा में ही मिलना है।
लेकिन हलचल करते रहने में भी

क्या हर्ज है?!

कम से कम ये सबूत तो है,
ज़िंदगी का!

नारी!

24.07.18

नारी! तुम शक्ति हो!
तुम ही काली, तुम ही चण्डी,
तुम धर्म, कर्म में भक्ति हो!

तुम में नर्मी, तुम में सख्ती,
तुम में स्वाभिमान की गर्मी है।
धधक उठो तुम उसी अग्नि से!
जहाँ कहीं अन्याय लगे।

आओ! हम सब मिल करके
फिर इस अग्नि में प्राण भरें!
...

जन्मदात्री तुम मानव की,
तुम ही दैत्यासुर संहारक हो!

कैसे भूल गईं तुम शक्ति,
अपनी ही शक्ति को!?

जिस शक्ति के कारण पाया
जीवन हर मानव ने,
वह शक्ति तुममें हर क्षण है,
भीतर कहीं अन्तरतम में!
वही शक्ति है सहनशीलता,
और वही आक्रमण है!

कभी वही बौद्धिक शक्ति,

और कभी वही विध्वंसक है!

परिस्थितियों को समझो,
तुम आवश्यकतानुरूप रूप धरो।
हे शक्ति! अब **जागृत** होओ!

बदलाव और ठहराव

23.08.18

चेहरे बदल जाते हैं, परिस्थितियाँ बदल जाती हैं, घटनाएँ बदल जाती हैं,

सोच बदल जाती है, व्यवहार बदल जाते हैं,

लेकिन कुछ वही रहता है, नहीं बदलता है।

***

चेहरे बदल जाते हैं, लोग वही होते हैं।

भूमिकाएँ बदल जाती हैं, किरदार वही होते हैं।

रिश्ते बदल जाते हैं, रिश्तेदार वही होते हैं।

मंज़िलें बदल जाती हैं, मुकाम वही होते हैं।

अल्फ़ाज़ बदल जाते हैं, जज़्बात वही होते हैं।

शब्द बदल जाते हैं, शब्दार्थ वही होते हैं।

दृष्टिकोण बदल जाते हैं, दृश्य वही होते हैं।

शरीर चाहे अलग हों, **'प्राण' सब में वही होते हैं!**

बदलाव दिखाई देते हैं,
लेकिन तब भी
कुछ ना दिखाई देने वाले ठहराव हमेशा होते हैं।

ये सृष्टि भी बेहद अद्भुत है

09.10.18

ये सृष्टि भी बेहद अद्भुत है!

कई बार जब मैं विचार शून्य अवस्था में होकर गहनता से देखती हूँ,

तो वही सब कुछ पुराना, बिल्कुल नया दिखाई देता है!

सब कुछ रहस्य दिखाई देता है!

और जब इसे जानने की कोशिश करती हूँ,

तो ये रहस्य और पेचीदा हो जाता है।

कई बार जब मैं ग़ौर से देखती हूँ,

तो वही सालों से जाने-पहचाने नज़ारे,

अनजाने दिखाई देते हैं!

सालों से इसे देखा है,

ये ऐसा ही रहा है...

लेकिन फिर भी ये सब कुछ समझ से बाहर लगता है,

एक चमत्कार लगता है, एक रहस्य लगता है!

वाकई... सब कुछ बेहद अद्भुत लगता है!

क्यों है ये? क्या है ये?

29.10.18

क्यों है ये? क्या है ये?

बेचैन कर रहे ये सवाल मुझे।

क्यों? क्या? कैसे? कहाँ?

हर सवाल है हर जगह।

जाना-माना यह नगर,

मगर अनजाना लग रहा यह सफ़र!

घूमी–फिरी हर डगर

एक राज़ बनकर रह गई!

कैसे जानूँ अब इसे;

व्याकुल हूँ मैं हर घड़ी।

एक प्यास जो बुझती नहीं,

एक तड़प जो रुकती नहीं,

यह व्याकुलता भी अद्भुत है,

जो अधिकांश को होती नहीं।

मैं ना जानूँ; जानूँ कैसे?

किन्तु यह प्रश्नोत्तरी की कड़ी... छूटती नहीं।

क्योंकि इस गहनता की राह में अत्यंत सुन्दरता है।

यहाँ जानने की उग्रता और जान लेने की शीतलता है।

यह प्रश्न भी मुझमें उपजते, और उत्तर भी।

यह वह नहीं जो किसी से पूछूँ मैं,

मैंने ये करके देखा;

उत्तर भी सरल–सहज मिला,
मगर मुझ-पर कुछ असर नहीं किया।

यह तो वह है, जो यदि मैं खोज सकूँ,
तो ही मैं जान सकूँ।
और खोजने के लिए
मुझे हर पल थोड़ा और विकसित होना होता है।
मुझे स्वयं अनुभव करने योग्य होना होता है।
वास्तविकता की जाँच में, मुझे मौन में उतरना होता है।
जानने के लिए, मुझे स्वयं ही जानना होता है।

सच जानने के लिए..
खुद जानना होता है।

कुछ दिखाई देता है

13.11.18

यहाँ सब कुछ है...
हमें केवल कुछ दिखाई देता है।
बहुत कुछ है, जो हमें नहीं दिखाई देता है।

इस सामान्य प्रकाशित स्थल में भी

कुछ है, जो केवल प्रत्यक्ष प्रकाश किरण में ही दिखाई देता है।

और बहुत कुछ है, जो तब भी नहीं दिखाई देता है।

यहाँ सब कुछ है।
हमें केवल 'कुछ' दिखाई देता है।
और 'बहुत कुछ' है, जो कभी नहीं दिखाई देता है।

सुनहरे कण

वह धूप जो कभी चिलमिलाती हुई थी,
अब वही चमचमाती हुई लगती है।

वह कभी हमारा रस निचोड़ती थी,
अब वही हमें ऊर्जा से सिंचित करती है।

वह धूमिल कण जो कभी सामान्य दृष्टि से
नहीं दिखाई देते थे,
प्रकाश की किरणों की बौछार में गमन करते
वही सुनहरे लगने लगते हैं;
तब वही कण सबसे अधिक प्रकाशित लगते हैं।

गुण तो सभी के निश्चित हैं, मगर..
सबके कार्यों के हम पर प्रभाव
स्थितियों के अनुसार बदलते रहते हैं।

लंबे समय से!

14.11.18

रात भर के घने अंधेरे में

जब सूर्य की किरणें प्रवेश करने लगती हैं,

तब लगता है ऐसे, जैसे प्रकृति का एक-एक कण

इसी पल का इंतज़ार कर रहा था...

लंबे समय से!

यह प्रातः प्रकाश किरणें

प्रकृति के हर कण को प्रफुल्लित कर देती हैं।

पक्षी उस अन्धकारमय कैद से छूटकर

प्रकाशमय स्वतंत्रता में

आज़ाद उड़ान भरने लगते हैं!

जीवंत हो उठती हैं

सारी कलियाँ और पौधों की पत्तियाँ

उन किरणों के स्पर्श मात्र से!

हर कण ललायित हो उठता है,

प्रभात की उन प्रकाश किरणों को

अपने में समाहित करने को!

मैं भी जाती हूँ जब

उस प्रकाशमय कोमल वातावरण में,

तो लगता है कि

जो प्राण सुप्त हो चुके थे,

उनमें फिर ऊर्जा का संचार हो रहा है।

प्रातः के उन क्षणों में
सुप्त जो था, वह सब जीवंत हो उठता है!

लगता है जैसे प्रकृति का प्रत्येक कण
उसी आदरणीय सूर्य का
उल्लास से अभिवादन कर रहा हो;
जिसका इंतज़ार था उन्हें
लंबे समय से!

अज्ञात

16.11.18

मुझे पता है ये कैसे काम करता है।

मगर तब भी ये रहस्यमय लगता है।

क्योंकि जानने के बाद भी कुछ शेष रह जाता है,

जो मैं नहीं जानती, जो कोई नहीं जानता।

मैं नहीं जानती कि क्या है इस मिट्टी में;

जो इतनी विविधता के साथ प्रकट होता है।

जो एक बीज को वृक्ष बना देता है।

जो जीवों को विकसित करता है,

प्रत्यक्ष या अप्रत्यक्ष रूप से, जो जीवों में जीवन को सिंचित करता है।

चलिए माना... मिट्टी को यह ऊर्जा सूर्य से मिली।

मगर सूर्य को इतनी ऊर्जा उत्सर्जित करने की क्षमता कहाँ से मिली?

विज्ञान तो अपने उत्तर देता रहेगा.. और उन्हें बदलता रहेगा।

चाहे आगे भी उत्तर मिलते जाएँ, तब भी जो अद्भुत है, वो अद्भुत ही रहेगा।

वह आधारभूत घटक, आधुनिक विज्ञान की दृष्टि में **अज्ञात** ही रहेगा...

बाहरी खोज की कड़ी में।

अस्तित्व का स्थायित्व

यहाँ सब है; होने के लिए।
अपना अस्तित्व बनाए रखने के लिए।

हर जीव के जीवन का संघर्ष यहीं आकर रुकता है,
कि उन्हें अपना अस्तित्व बनाए रखना है।

जीवन की हर प्राकृतिक प्रक्रिया, इसीलिए है ताकि
अपने अस्तित्व को स्थायी बनाया जा सके।

चाहे वह कोई भी जीवधारी हो, सब इसी एक उद्देश्य के लिए
जीवन भर संघर्ष करते हैं, इसी के लिए जीते हैं।

यह प्राकृतिक इच्छा इतनी प्रबल है,
कि चाहे जो हो जाए, ये बने रहने का प्रयास कभी नहीं रुकता।

मगर प्रयास चाहे जितना मज़बूत हो,
जीवधारी उसके जीवित रहने के प्रयास में सफल नहीं हो पाता;
मृत्यु को प्राप्त होकर।

एक जीवधारी के रूप में,
अपने अस्तित्व को बनाए रखने के प्रयास में,
वह अन्ततः असफल होता है।

मगर प्रकृति अन्ततः जीवधारी के अस्तित्व को बनाए रखने के प्रयास में
सफल होती है;
उसके अस्तित्व को मृत्यु के बाद भी बनाए रखकर!
फिर चाहे उसका अस्तित्व गुणसूत्रों के रूप में अपने वंशजों में हो,
चाहे निराकार रूप में पंचतत्त्वों में।
किन्तु सृष्टि के सारे प्राकृतिक नियम,
अस्तित्व में उसकी उपस्थिति को बनाए रखते हैं।
"जीवन के रूप में उसे **शाश्वत** बनाए रखते हैं।"

परन्तु अब प्रश्न शेष है कि
जब अस्तित्व का स्थायित्व शाश्वत है, स्थिर है,
फिर फ़िज़ूल में यह हलचल, यह उथल-पुथल क्यों?
यह संघर्ष क्यों?

अन्त और आरम्भ

30.01.19

प्रत्येक आरम्भ का उद्गम होता है;
अन्त की ओर अग्रसर होने के लिए।

इस सृष्टि की प्रत्येक विषय-वस्तु, क्रिया-प्रतिक्रिया में
अन्त ही उसका अन्त होता है।

चाहे कोई चीज़ हो... अन्त ही उसका अन्त होता है।

अन्त ही अन्तिम पड़ाव है, प्रत्येक आरम्भ का,
जिसकी ओर आरम्भ अनवरत रूप से अग्रसर रहता है।

यह अनिश्चित होता है कि, अन्त तक पहुँचने की प्रक्रिया
कैसे घटित होगी,
किन्तु किसी आरम्भ के साथ अन्त की निश्चितता
निश्चित रूप से जुड़ी रहती है।

ध्यान देने पर लगता है, जैसे कुछ शुरू होता ही है खत्म होने के लिए।
ये दोनों विपरीत एक दूसरे से ऐसे जुड़े हैं,
जैसे ये दो नहीं एक ही हों।

प्रातः के सुन्दर क्षण में

वह क्षण कितने अद्भुत हैं,
हर कण हो उठता मंत्रमुग्ध
जब भानु की आभा से!

वह समय सबसे अनमोल समय है,
एक सम्पूर्ण दिवस में।

सब कुछ जब नया-नया होता है,
धुल जाता जब बासीपन सब,
सूरज की किरणों से।

वही सही समय है, नए आरम्भ का!
सबका वही नया जीवन है।

तब निद्रा की क़ैद में क्यों तुम?;
उस ऊर्जावान समय में;
तुम क्यों जकड़े आलस में?
उठो! सौभाग्यपूर्ण हो!

जो ये अधिकार तुम्हें भी है,
समय का लाभ उठा करके
ऊर्जा से सिंचित होने का।

जीवंतता की धारा में धुल जाने का;
उस लंबे पुरानेपन से!

अनमोल है प्रभात का वक़्त,
क्योंकि यह प्रभात बेला
दिन में केवल एक बार आती है।

उसको भी तुम खो देते हो,
जो सब कुछ नया कर देती है।

उस आलस्यपूर्ण क़ब्र समान क़ैद से
निकलने का, प्रातः अत्यंत मधुर समय है।

नयनपटों को खोलो और
संसार पटल पर देखो,
कितना स्वतंत्र यह अनुभव है!

बिस्तर के पिंजरे से छूटो!
हो जाओ स्वतंत्र तुम भी!
प्रातः के सुन्दर क्षण में।

पिता जी

09.02.19

उन्होंने मुझे दिल से बड़ा किया है
फ़िज़ूल की इच्छाओं की औकात दिखाकर

मुझे वास्तविक दृष्टिकोण दिया है।

मुझे अपना चिराग बनाने के लिए

हर संभव प्रयत्न किया है।

और आज वो यहाँ नहीं हैं...

(मुझे, हम सबको अकेला छोड़ दिया है।)

मेरे बढ़ते छोटे कदमों को देखने के लिए

वो नहीं...

तो क्या...

उनका अंश अब भी मुझमें ही है।

मैं ही उनका अंश हूँ!

वो चिराग अब भी मुझमें ही है।

जो उन्होंने मुझे जलाने के लिए सौंप दिया है।

सर्वश्रेष्ठ परवरिश मुझको दी,

एक श्रेष्ठ मनुष्य बनाने को।

उनके आदर्श जो होते थे,

उस तक मुझको पहुँचाने को।

मेरा मुझमें कुछ नहीं,

मैं हूँ, उन्हीं के कारण हूँ!

जो हूँ, उन्हीं के कारण हूँ।

मिट्टी की खुशबू

20.02.19

शुष्क धरती और उस पर अचानक से पड़ने वाली
जलद की बौछारें

ना जाने दोनों में क्या अभिक्रिया होती है,

जो इतनी अद्भुत, अतुलनीय सुगंध का
विसरण होने लगता है वातावरण में।

वह सुगंध मुझे इतना मुग्ध कर देती है कि
श्वासों के निष्कासन की प्रक्रिया व्यर्थ लगने लगती है,
सुगंध के आनन्द में वह विघ्न लगने लगती है।

कुछ तो विशिष्टता है, बारिश के छींटे और
सूखी धरती के संयोग में।
(ना जाने क्या अभिक्रिया होती है,
धूल के शुष्क कणों और पानी की नमी के बीच)
उस सौंधी सुगंध के सामने
संसार की सारी अन्य सुगंधें फीकी लगती हैं।
(चाहे वह कोई किसी फूल की ही सुगंध क्यों ना हो)

कुछ तो विशेषण है मिट्टी की खुशबू में
जो उसे सबसे विशिष्ट बना देता है।

एक नहीं दो हूँ

01.03.19

ऐसा क्यों लगता है मुझे,
कि मैं एक नहीं दो हूँ!
धुन्धला दिखाई देता है मुझे,
वह, जो मैं हूँ।
खुद ही से बातें करती हूँ।
खुद ही को सिखाती हूँ।
खुद के ही साथ को सर्वश्रेष्ठ पाती हूँ।

सन्देह होता है कि कहीं मुझमें
कुछ दो तो नहीं!;
एक वह, जो सीखता है
और एक वह, जो सिखाता है।
एक वह, जो कुछ नहीं जानता
और एक वह, जो सब कुछ जानता है।
अस्पष्ट है मुझे मेरा ही वजूद,
कि मैं क्या हूँ!

(लेकिन जो भी हूँ,
खुद का साथ सबसे श्रेष्ठ महसूस करती हूँ।
क्योंकि यही तो है,
जो हमेशा से मेरे साथ रहा है,
और अन्तिम श्वासों तक रहेगा।
जितना मुझे ये जान पाया है,
उतना कोई कैसे जान सकता है।
यही तो है, जो मुझे सबसे ज़्यादा जान सकता है।
क्योंकि ये हर पल मेरी हर क्रिया में शामिल रहा है।)

शून्य में सब कुछ

10.03.19

शून्य में सब कुछ छिपा है!
अस्तित्व सारा है समाया,
शून्य के ही व्योम में!
यदि व्योम ही है अनन्त भी,
तो अनन्त भी है शून्य में ही!

(शून्य में और अनन्त में
अन्तर मुझे दिखता नहीं।
है यदि भिन्नता कहीं,
तो वो केवल प्रकटीकरण में।
है ये एक ही वस्तु का
दो विपरीत में प्रकटीकरण।)

अंगार हूँ मैं

20.03.19

लगातार जो सुलग रहा,

वही लाल अंगार हूँ मैं!

चारों ओर राख से घिरा हुआ जो रखा हुआ है।

हल्की-सी बस हवा चाहिए,

राख उड़ेगी, राह मिलेगी;

ये धधक उठेगा आग से!

अब तक जो दबा हुआ है,

ठण्डी के माहौल में;

बदल देगा ये तिमिर क्षेत्र को

सघन प्रकाश के ताप से।

हो जाऊँ अगर अभी ज्वलनशील तो,

ज्वाला की धधकार हूँ मैं!

जड़ता को धिक्कार हूँ मैं!

तूफान को भी ललकार हूँ मैं!

चिंगार नहीं, अंगार हूँ मैं!

मैं अपवाद स्वरूपा!

23.04.19

मैं अपवाद स्वरूपा!
मैंने कुदरत को बड़े पास से देखा।
उत्तर का पूरा बोध नहीं,
प्रश्नों के भंडार भरे!

मैं अपवाद स्वरूपा;

मैंने स्थिर को भी गुज़रते देखा,
मैंने गतिज को भी स्थिर देखा।
मैंने बढ़ती हुई आमापों में भी
रुका हुआ एक अंश देखा!
मैंने भिन्न-भिन्न आकारों में भी
अभिन्न एक लक्षण देखा!

मैं अपवाद स्वरूपा;

दुनियादारी से दूर हूँ,
कुदरत के ही पास मैं।
लोगों की बातें निरर्थक लगती,
तो मैं खुद के ही सन्यास में।

इच्छा और प्रज्वलित हो रही,
जीवन अर्थपूर्ण बनाना है।
बस राही को राह चाहिए,
हर सम्भव प्रयत्न कर जाना है।

ऐसी मुझे एक राह चाहिए,
उन्मुक्त जहाँ हर लहर उठे!
मुक्त जहाँ विचरण रहे!
जहाँ ना कोई बन्धन हो ना बाधा हो उड़ने में!

मेरी इच्छा कुछ और नहीं,
बस आज़ादी निर्बाध रहे!

निरर्थकताएँ विनष्ट हो जाएँ,
केवल **अर्थपूर्ण** ही शेष रहे।

मैं अपवाद स्वरूपा;
जो अर्थपूर्ण का ''अर्थ'' ना जानकार भी
हर पल 'अर्थपूर्ण' चाहती,
मैं वो अपवाद स्वरूपा!

जो अपनी क्षमताओं का
सर्वश्रेष्ठ उपयोग चाहती,
मैं वो अपवाद स्वरूपा!!

सदैव कर्मरत

01.04.19

सदैव कर्मरत रहो पथ पर,

उद्देश्य-ध्येय एक बना रहे!

यह जीवन व्यर्थ ना होने पाए,

हर पल का कोई अर्थ रहे!

बाधाएँ हों चाहे अनेक,

मन संकल्पित डटा रहे।

सदैव कर्मरत रहो पथ पर!

अबूझ पहेली

06.05.19

ये दुनिया एक अबूझ पहेली लगती है।
एक सोची समझी कल्पना से अधिक
एक समझ दिखती है।
प्रकृति की शालीन ध्वनियों के सामने
हमारी बनाई आधुनिक संगीतों की ध्वनियाँ भी
तुच्छ लगती हैं।

पेड़ों पर पत्तियों की खनखनाहट,

हवाओं की सरसराहट,

जैसे कुछ कह रही हो मुझसे, चुपके से!

पत्तियों की सममितियाँ,

फूलों की रंगरली आकृतियाँ,

चींटियों की ज्यामितियाँ,

जैसे अस्तित्व का कोई राज़ खोलती हैं!

आसमान की आसमानी ठण्डक

दृष्टि को तो हटने नहीं देती,

जिज्ञासा को भी टिका लेती है।

ये सृष्टि भी अद्भुत है,

इसे जानने की जिज्ञासा जितनी प्रबल हो,

ये उतनी ही **अज्ञात** लगती है!

औद्धत्य

बादलों को चीरकर जब सूर्य प्रकाश
वायुमण्डल में फैल जाता है,
वह दृश्य भी अद्भुत है।

वह दृश्य भी अद्भुत है,
जब कोई पौधा मौसम आने पर
अचानक से वृद्धि कर जाता है।
जब चाँद रंग-रूप बदलकर
आँखों को ठण्डक पहुँचाता है।

दृश्य तो इस सृष्टि में सभी अद्भुत हैं,
मगर इंसान केवल कुछ ही के
औद्धत्य को अनुभूत कर पाता है!

भेड़ों की भीड़

08.05.19

मुझे इस भेड़ों की भीड़ में
आगे बढ़ने का कोई शौक़ नहीं।
मुझे भागमभाग में रहने का
कोई शौक़ नहीं।

शेरों-सी अपनी ज़िंदगी;
हम तो एकान्त में रहते हैं!
हर दम आराम से जीते हैं।
लेकिन मौका पड़ने पर
दम तोड़कर भिड़ते हैं!

मैं लोगों को बिल्लौट लग रही,
क्योंकि फिलहाल...
मुझे शिकार का कोई शौक़ नहीं!
और हाँ,
मैं भी उन भेड़ों को एक भेड़ लग रही,
क्योंकि फिलहाल...
उन्हें शिकार का कोई खौफ़ नहीं!

ऐ माँ!

12.05.19

ऐ माँ!...

मैं तो तेरी ही रचना से रचित हूँ।

तेरे ही पोषण से सिंचित हूँ।

मैं तुझको क्या भेंट करूँ?

मैं तुझसे ही तो विकसित हूँ।

एक पुष्प गुच्छ क्या भेंट करूँ?

तुमने तो स्वयं ही, उन पुष्पों का बगीचा बना रखा!

ऐ माँ!...

इस मातृ दिवस के अवसर पर,

तुम उपहार स्वरूप मेरी कृतज्ञता स्वीकार करो!

मैं कृतज्ञ हूँ!

जो तुमने मुझे अपने ढंग से पाला-पोसा।

मैं कृतज्ञ हूँ!

जो ईश्वर ने मुझे तुम्हारी कोख से जन्मा।

मैंने अनगिनत कष्ट दिए,

लेकिन तुम कभी माफ़ी की मोहताज ना थी।

तुमने लगातार संघर्ष किए,

ताकि हमारे जीवन में ना संघर्ष रहे!

तुमसे ही मेरा अस्तित्व है।

तुम ना होतीं तो मैं कहाँ थी?

मैं कृतज्ञ हूँ!
जो तुमने अपने अस्तित्व के साथ खेलकर,
मुझे अस्तित्व में आने दिया!

मैं तो तुम्हारा लेश मात्र हूँ।
इतनी कहाँ सामर्थ्य मुझमें,
जो तुम्हें शब्दों में व्यक्त करूँ!

ऐ माँ!...
मेरे कृतज्ञता के आभार को स्वीकार करो।

नारीत्व का अभिशाप

13.05.19

क्या सच में, "नारीत्व का अभिशाप" है ये???

वो चाहे जो चाहे;

उसे चूल्हे में ज़रूर झोंका जाता है।

उसकी सुरक्षा के लिए,

किसी ना किसी पुरुष का रिश्ता

अनिवार्य हो जाता है।

यदि मैं नहीं भी चाहूँ,

किसी से रिश्ता रखना,

किसी पर निर्भर होना,

तो समाज ये ऐसा,

जो मुझे मुझमें ही

अवास्तविक कमियाँ गिनाता है।

मुझे अबला सिद्ध कराता है।

मुझे सबल सहारे का महत्व बताता है।

मैं चाहूँ यदि,

दुनियादारी से दूर, लोगों से दूर,

निर्जन किसी प्राकृतिक स्थल में रहना,

चाहे संन्यास कुछ समय का हो,

मगर यह असम्भव बताता है।

इस तरह तो अस्तित्व का उन्नयन सम्भव नहीं।

इन सुरक्षा की बेड़ियों में थमकर तो,

यह गर्त में होगा निश्चित ही!

इनसे थमकर पतन ही हुआ है।
यह नारीत्व का अभिशाप समाज ने दिया है।
प्रकृति ने तो **नारीत्व का उपहार** दिया है!

वह समाज जो हमें दबाए,
मेरा उससे कोई सम्बन्ध नहीं।

वे जानते हैं कि
कोई पौधा बन्द कमरे में नहीं बढ़ता।
कोई फूल बन्द कमरे में नहीं खिलता।
मगर सच तो यह,
कि उन्हें हमारे फूलों से कोई मतलब नहीं।
मैं स्वयं सबला, मुझे सबल सहारे की ज़रूरत नहीं।

अब अच्छा या बुरा जो भी हो,
कुछ तो होने देना है।
उदासीन जीवन का क्या अर्थ?
उड़कर भी मरना है,
पिंजरे में भी मरना है।
तो अब उड़कर ही मरना है!

क्या अन्तर है?

14.05.19

क्या अन्तर है,

मुझमें और तुममें? (पौधे और हम)

तुम भी उसी से सिंचित हो,
जिससे मैं पोषित हूँ। (सूर्य)
उसी स्रोत से रचित हैं हम।
उसी मद्धम रोशनी से (प्रातः का प्रकाश)
जीवित हैं हम।

तुम भी अपनी छाप छोड़ जाते हो,
और मैं भी!

तुम भी जीवंतता चाहते हो,
मैं भी!

तुम भी जीवन के लिए संघर्षरत हो,
मैं भी!

जीवन में की क्रियाओं का
प्रत्येक उद्देश्य समान हमारा।
भिन्नता है यदि कहीं कोई
तो वह केवल आकारों में।
रूपों में और प्रकारों में।

आधुनिकता की दौड़ में

16.05.19

आधुनिकता की दौड़ में,
बुद्धिमत्ता को छोड़ दिया!
हमने जीवन को मोड़ दिया,
पतन की ओर!

अब नहीं दिखती सादगी
किसी भी ओर-छोर।
क्योंकि अब तो,
'ये दिल मांगे मोर(more)'!

भेड़चाल की राह पर,
कुदरत को ही मरोड़ दिया।
अन्धाधुन्ध सुविधाओं से,
हमने स्वयं को ही निचोड़ दिया।
अब जो भी रहा कुछ शेष,
उसे बचाना है।
अन्यथा सब कुछ ही मिट जाना है!

अन्धानुकरण

29.08.19

इतिहास के स्वर्णिम पन्नों में,
कइयों ने ये सोचा होगा;
"मैं रहूँ या ना रहूँ,
भारत को रखना होगा!"

किन्तु ये ना सोचा होगा,
कि "भारत" है जो आज,
कल यही "India" होगा!

वे लड़े-मरे आज़ादी को!
सबने जीवन कुर्बान किए,
भारत के लिए!

उन स्वजनों को हम भूल गए,
उनके ही उल्टी रीत जिए।
वे जीते थे आज़ादी से,
वे मरते थे आज़ादी से!
और हम स्वयं ही गुलाम बन गए,
उसी शासन दुराचारी के!

इस वास्तविक स्वतंत्रता में भी,
सम्पूर्ण जीवन हुआ गुलामी का।
दिखाई नहीं दे रहा अब
असली मूल गुलामी का।

किन्तु,
बात ये बेहद छोटी है,
उनके मस्तिष्कों में आज़ादी थी,
और हमारी **मानसिकता** ही
गुलाम बन गई;
पाश्चात्य, फ़िज़ूल संस्कृति की!

अन्धानुकरण ये इस हद तक…
कि गुलामी में ही खुशी मिल रही।
वही आज़ादी लगने लगी!

क्यों तुम अंधे होते हो!?…
जब आँखों का उपहार मिला है!
देखो! जानो!.. सच क्या है!
कौन आगे, कौन पीछे खड़ा है।
कौन खुद से ही उखड़ा,
और कौन जीवन से जुड़ा है!

बिचौलियों के किए बदलाव नहीं,
अपनी मूल संस्कृति को समझो,
देखो! कि कौन गुलामी में,
और कौन आज़ादी में मस्त रहा है!

ऐ ज़िंदगी!

05.09.19

ऐ ज़िंदगी!
तू क्या है?
कभी तो बता तू क्या है!
तू अचल है या चलित बला है?
तेरा दर्द, तेरा सुकून क्या है?
तेरा जुनून, तेरा वजूद क्या है?
तेरा उद्देश्य क्या है?!

मैं जानती हूँ,
तू यहीं है हर घड़ी,
मुझमें बसी है!
मैं जानती हूँ,
सम्पूर्ण सृष्टि ये,
तेरी छटा में ही छुपी है!

किन्तु तेरा स्पंदन,
तेरा प्राण क्या है?
तेरा अन्त और आरम्भ क्या है?

तेरे होने का कोई अर्थ तो होगा?!
वो अर्थ क्या है?
कोई अर्थ है भी?!
या तू बेवजह का सिलसिला है?!

ऐ ज़िंदगी! तू क्या है?
कभी तो बता तू क्या है!

सपना

20.09.19

सपना!
एक रहस्य बड़ा है!

प्रगाढ़ता इतनी,
कि असली एहसास दिला दे!
चेहरे पर भंगिमा बना दे,
अश्रुओं की धार बहा दे!

एहसास चाहे वास्तविक हों,
किन्तु घटनाएँ,
निरा झूठ होती हैं!

असली-नकली का भेद तभी होता है,
जब निद्रा भंग होती है!

वास्तविक था जो,
उसके ख़्वाब मात्र होने का
ज्ञान तभी होता है।
(दर्द से सुकून तभी होता है।)

अब संशय एक यही बाकी,
कि वास्तविक है जो अभी,
कहीं झूठा तो नहीं!?

हो ना हो,
कुछ (सच) तो अज्ञात अवश्य यहाँ है।
क्योंकि स्वप्नों-सा असली एहसास यहाँ है!

क्या करूँ?

25.09.19

ज़िंदगी छोटी है मगर,

उलझी हुई ये कठिन बड़ी है!

क्या करूँ इस राह पर,

यह बात भी उलझी हुई है।

क्या करूँ और क्या छोड़ दूँ?

क्या रखूँ और क्या तोड़ दूँ?

धार-सी बहती रहूँ?...

या मझधार को ही मोड़ दूँ?

जीवन गुज़रता जा रहा,

यह व्यूह भी गहरा रहा,

रास्ता मैं क्या चुनूँ,

स्पष्ट ना हो पा रहा।

किसी के नियमों पर चलूँ,

या स्वयं के नियम गढ़ूँ?

स्वयं की पहचान खोऊँ,

या मील का पत्थर बनूँ?

संसार में एक क्रान्ति लाऊँ,

या उसे उसके हाल पर ही छोड़ दूँ?!

करने को तो मुझमें सामर्थ्य बहुत है।

किन्तु समय कम है।

अब सामर्थ्य का कहाँ उपयोग करूँ?

भाषा को और सीखूँ/

कविताएँ बुनती रहूँ,

या विचारों को ही छोड़ दूँ?

निरर्थक द्वन्दों में फँसूँ,

या हिमालय पर जा बसूँ?

युद्धभूमि पर टिकी रहूँ,

या जंगल में जा रणछोड़ बनूँ?

जीवन... बड़ा दुर्लभ है मेरा!

चंद पलों के जीवन को

किस कर्म में झकझोर दूँ?

सही समय की बाट देखूँ,

या आज ही जय बोल दूँ?!

क्या करूँ? कि जीवन सार्थक रहे।

क्या करूँ? कि मन में एक संतोष रहे।

अन्त में ना कोई अफसोस रहे।

बाकी ना कोई खोज रहे।

...

अस्पष्ट है बहुत कुछ,

किन्तु कुछ है जो स्पष्ट भी है।

उपलब्ध सभी विकल्पों को,

शिल्प करना है!

भविष्य का कल्प छोड़,

वर्तमान में करना है!

क्योंकि जीवन है,

केवल आज... अभी!

और इसे ही सार्थक करना है।

समय क्या है?

10.12.19

आज तक अंजान हूँ,
इस बात से कि समय क्या है?
ज़िंदगी की राह पर जो चाल दे,
वो रफ़्तार क्या है?

गतिशील है जो इस कदर,
कि उसकी गति भी स्थिर लगे।
जिसकी चाल मापी ना जा सके,
उस समय का सिद्धांत क्या है?

समय ही है ज़िंदगी,

या ज़िंदगी ही है समय,
ये उलझनें छोटी नहीं
कि ज़िंदगी क्या है?!
अनवरत जो घटित हो रहा
वह घटना क्या है?

हे सूर्यदेव!

हे सूर्यदेव!

तू है, तो हम हैं! सब कुछ है!

तू है, तो जीवन है धरा पर!

तेरी उष्णता से स्फूर्त हर कण!

तेरे प्रकाश से सृष्टि दृष्टिगत!

तू हो प्रकट तो जड़ भी चेतन!

हे सूर्यदेव!... मेरे महान!

मेरा नमन!

संघर्ष

संघर्ष का नाम जीवन...
ये झुठलाया नहीं जा सकता।
संघर्ष के बगैर, सुख..
पाया नहीं जा सकता।

संघर्ष का अर्थ क्या?
घर्षण किन्हीं दो तलों का।
इसके बिना तो जीवन..
रचाया नहीं जा सकता।

ध्वनि नहीं, झंकार नहीं,
यदि घर्षण ना हो!
गुंजन नहीं, यदि टकराव ना हो!
अनन्त.. शून्य हो जाए,
यदि स्पन्दन ना हो;
यह ब्रह्माण्ड ना हो!

किसी नवजात के जन्म से ही,
संघर्ष जन्म पाता है।
यह कोई अनसुना रहस्य नहीं,
बिलखकर वह स्वयं व्यक्त कर जाता है!

संघर्ष का सम्बन्ध जीवन से शाश्वत संबंधित।
संघर्ष से गुज़रकर ही पुष्प हो पाता है सुगंधित।

संघर्ष हो सहन करना भी, एक हिम्मत की कला है!
और हिम्मती ही, जीवन वास्तव में जीता है!

तो, या तो सहन करें गुलामी,
या आज़ादी हेतु संघर्ष की पीड़ा,
संघर्ष दोनों में सन्निहित।
किन्तु एक अन्त में पश्चाताप,
और दूसरे में संतोष निहित।

जीवन में आनन्द के साथ दर्द भी जुड़ा है।
किन्तु दर्द के भी दो प्रकार,
एक दर्द मीठा,
और दूसरा, केवल दर्द भरा है!

एक दर्द-
कंटीली-पथरीली पगडंडियों से
चलकर जाने पर मिलता है।
किन्तु उस सुदूर मंज़िल तक पहुँचने का
आनन्द भी अद्भुत होता है!
एक आनन्द-
बैठकर आराम करते रहने पर मिलता है।
किन्तु अन्त में मंज़िल तक ना पहुँच पाने का
दर्द बड़ा दुखद होता है!

तो दर्द तो सुनिश्चित है।
चाहे पहले दर्द लें, मज़ा बाद में;
या पहले मज़ा लें, दर्द बाद में।

तो विकल्प पहला ही सही।
क्योंकि आनन्द के लिए कार्य कर
दर्द झेलने पर,
दर्द महसूस नहीं होता।
और उससे बढ़कर,
अन्त सुखद होता है।

समय विस्तृत है

12.03.20

समय का कोई हिसाब नहीं होता।
समय का कोई मापक नहीं होता।

ऐसा कोई यंत्र नहीं,
जो समय को माप सके।
ऐसा कोई मस्तिष्क नहीं,
जो समय को पहचान सके।

समय विस्तृत है,
किन्तु ऐसा कोई तर्क नहीं,
जो समय गतिज है या स्थिर
यह जान सके।

कभी लहरों-सा बहता,
कभी प्रकाश-सी गति में रहता,
कभी पर्वतों की श्रृंखला-सा
थमा हुआ लगता समय है!

गतिज हो या स्थिर,
जो किसी अनमोल से भी परे हो,
यह वह अनमोल समय है!
यह विचित्र, यह अभिन्न,
यह अतुल्य समय है!

'एक' ही है

13.03.20

प्रत्येक का एक अलग व्यक्तित्व होता है।
कोई किसी के जैसा नहीं होता।

कोई अच्छा नहीं, कोई बुरा नहीं होता।

जो जैसा है, उसे वैसे ही स्वीकार करो।
किसी के बदलने की उम्मीद छोड़ो।
स्वयं के परिदृश्य में सुधार करो।

व्यक्तित्व अनेक हैं,
प्रत्येक के जीवन में अलग परिस्थितियाँ होती हैं।
जो जैसा है, वे ही उसे वैसा बना देती हैं।

हमारे जीवन में,

अलग-माहौल, अलग-घटनाएँ,

एक अलग-व्यक्तित्व को जन्म देती हैं।

जीवन में बिताया, प्रत्येक क्षण,

प्रत्येक के जीवन में एक-सा नहीं होता।

अलग-परंपराओं, अलग-नियमों,

अलग-संस्कारों के कारण,

प्रत्येक व्यक्तित्व एक-सा नहीं होता।

हमारे व्यक्तित्व अलग होते हैं,
हमारा अस्तित्व अलग नहीं होता!

हममें विद्यमान आधारभूत तत्व
'एक' ही होता है।

इसीलिए,

भिन्नताओं के होने पर भी,

भिन्न होने का द्वन्द्व होने पर भी,

अलगाव नहीं हो सकता।

क्योंकि अलगाव तभी होगा,

जब सभी का आधार अलग हो।

किन्तु हमारा आधार 'एक' ही है।

यही है, संसार का वह द्वन्द्व,

जो हर जगह पर सन्निहित है।

अनेक होने पर भी,

सब कुछ यहाँ पर 'एक' ही है!

मैं वो नहीं

20.03.20

मैं वो नहीं, जो अपने समय को बर्बाद कर दे।
मैं वो नहीं, जो अपने कर्म से इनकार कर दे।
मैं वो नहीं, जो अपनी ख़्वाहिशों को गाज़ कर दे।
मैं वो नहीं, जो अपने लक्ष्य को ही भूलकर, अनुभवों को याद कर ले।

उद्देश्य मेरा साफ है।
मेरे कर्म की पहचान है।
लक्ष्य पर नज़रें टिकी हों,
यही मेरे धर्म का विधान है!

मैं वो नहीं, जो मेरी परछाई कहती।
मैं वो नहीं, जो मेरे व्यक्तित्व की आभा झलकती।
मैं वो नहीं, जो मैं दिखाई देती।
मैं वो हूँ, जो उससे कहीं ज़्यादा है।
जो कभी उसका विपरीत, कभी उसका भी आधा है।

मैं वो नहीं, जो मेरा व्यक्तित्व कहे।
मैं वो नहीं, जो मेरा कोई मर्ज़ कहे।
मैं वो हूँ, जो किसी की कल्पना ना कह सके!
मैं वो हूँ, जो किसी का मस्तिष्क स्वीकार भी ना कर सके!

मैं वो नहीं, जो मैं हूँ;
मैं उससे कहीं ज़्यादा हूँ।
मैं, बिना किसी तर्क की परिभाषा हूँ!

वो कौन है?

26.03.20

वो कौन है?
जो अदृश्य को रूप दिला दे,
जो बीज को वृक्ष बना दे,
जो कण-कण को जीवंत बना दे,
जो विविधता से संसार सजा दे,
वो कौन है?

वो सृजन की शक्ति है!
जो अणु से ब्रह्माण्ड रचा दे!
जो अचरज की सृष्टि बना दे!
जो विविध रूप, विविध रंग दिखा दे!
वो सृजन की शक्ति है!

जिसके होने से हर कण व्यवस्थित।
जिसकी विकृति में भी बुद्धिमत्ता निहित!
जिसके शासन में सब कुछ अनुशासित।

जो जीवन को राज़ बना दे,
जो जड़ता में चेतना जगा दे,
ये वो सृजन की शक्ति है।

ये अद्भुत, ये महान!
ये रहस्य, ये आलीशान!
ये सृजन की शक्ति है!

हे पिता मेरे!

12.06.20

हे पिता मेरे!
बहुत याद आते हैं मुझको, बिताए लम्हे संग तेरे।
तेरे ना होने से, बदलाव जो जीवन में है, वो अद्वैत है।

हमने जो देखा था समंदर, वो सूखा हो गया।
तुमने दिखाया था जो दर्शन, वो पूरा हो गया।
सत्य से परिचय जो था, वो झूठा हो गया।

अफसोस की बातें कई हैं,
किन्तु तेरा अंश होने का दिलासा हो गया।

हे पिता मेरे!
तुम तो थे : गुरु, बन्धु, सखा मेरे!

बुरे तुम नहीं

बुरे हम नहीं, बुरे तुम नहीं

बुरा नहीं ये मतभेद भी

बुरी है अज्ञानता इस बात की;

कि हम और तुम अलग हैं, पर 'एक' ही हैं।

भिन्नता है भी यदि तो केवल विचारों में ही, हममें नहीं।

मैं भी उसी से हूँ बनी, जिससे तुम बने हो।

जीवन जो हममें वास करता, 'एक' ही है!

अलग है, हममें यदि कुछ, तो केवल अज्ञानता;

किसी में कम, किसी में ज़्यादा।

कि हम 'एक' ही हैं;

अलग है तो केवल ये नज़रिया,

नज़ारा देखने का।

बड़ी देर से

08.08.20

वसुधा पर अमृत झरा,

पवन ने सब में रोमांच भरा।

मौसम का रुख बदला,

तपिश ने छोड़ा, ठण्डक ने पकड़ा।

मगर मौसम बड़ी देर से पलटा...

क्योंकि हमने कुदरत से नाता तोड़ा,

मशीनों से जोड़ा।

दर्द की पीड़ा

20.08.20

स्वयं के दर्द को तुमने सदा भीषण है माना।
दूसरों के दर्द को जाना कभी.. कितना गहन है?!

महसूस करके देखना,
तुम अपना दर्द भूल जाओगे!
कहने का तात्पर्य यही,
कि दर्द से छुटकारा सम्भव नहीं।

दर्द की पीड़ा तो कम,
दर्द का *विचार* अधिक पीड़ा देता है।

दर्द तो महज़ क्षणिक अनुभूति है।
जब यह जानोगे, तो दर्द में भी सुकून पाओगे।

तो दर्द तो होगा ही;
किन्तु दर्द की पीड़ा में पीड़ित होना, आवश्यक नहीं।

दर्द की पीड़ा को सरलता से महसूस किया जा सकता है।
दर्द में भी *सहज* रहा जा सकता है।
दर्द का भी आनन्द लिया जा सकता है।

हवाओं से बातें

22.08.20

कभी हवाओं से बातें की हैं तुमने?

अब ये ना कहना,

कि हवाएँ भी कभी बोलती हैं?!

क्योंकि बोलना केवल मुँह से नहीं होता।

स्पर्श भी कुछ बोलता है। (हवाएँ स्पर्श हैं)

जो शब्द भी ना कह सकें,

वो स्पर्श बोलता है।

स्पर्श से अनुभूतियाँ साझा होती हैं।

जो कही ना जा सकें,

स्पर्श से वो बातें बायाँ होती हैं।

(स्पर्श की ताकत को समझो,

ये बिना आवाज़ के भी बोलता है।)

तो हवाएँ क्या कहती हैं?

ये कहती हैं कि—

बहो! और बहते रहो!

सहजता से चलते रहो।

बहो जहाँ दिल करे।

चलो जहाँ राह मिले।

हवाएँ ठण्डक देती हैं,

हमारे हृदयों को खोलती हैं।

तुम भी ऐसी हवा हो जाओ!

जहाँ मंज़िल है

25.08.20

जितना उड़ना चाहो, उड़ो!

लेकिन बुनियाद से हमेशा जुड़े रहना।

जितना लंबा चाहो, उड़ो!

लेकिन ये याद रखना, कि लौटकर आना वहीं है;

जहाँ से निकले थे, सफ़र के लिए।

रास्ते में ये भी कभी तुम भूलोगे,

कि मेरा घर कहाँ है...

तो ये याद रखना,

कि ये है वहीं जहाँ से जीवन की शुरुआत हुई थी।

सफ़र में तुम जितना चाहे चहल-पहल कर लो,

अन्त में जाना वहीं है, जहाँ से आए थे।

तुम्हारा घर भी वहीं है, मंज़िल भी;

फिर चाहे जितना सिरफिरापन कर लो,

भटकने का;

एक दिन तो तुम्हारा सफ़र भी

तुम्हें वहाँ पहुँचा ही देगा,

जहाँ मंज़िल है!

चल चला चल राही

18.09.20

चल चला चल राही,

तू मंज़िल यूँ ना देख;

तुझको मिल जाएँगे सितारे!

तू दीवारों को ना देख।

चले चल तू अकेला चल,

किसी का साथ यूँ ना देख।

नहीं तो खो जाएँगे सितारे,

तू देख! अकेला देख!

नज़रियों में फ़र्क

19.09.20

कुछ लोग इतने खुश,

और कुछ इतने दुखी क्यों हैं?

जीवन सबका वही है;

फिर ये फ़र्क क्यों है?

क्योंकि जीवन तो सबका वही है,

लेकिन जीने का तरीका वही नहीं है।

कहीं है आशा, तो कहीं निराशा भरी है;

सबके लिए जीवन की अलग भाषा रही है।

जीवन है वही, सभी का,

लेकिन जीवंतता सभी की अलग रही है।

कहीं तो है दिखा कठिनाइयों में रास्ता,

तो कहीं बगीचों में भी काँटा चुभा है!

नज़ारा है वही सब ओर देखो।

किन्तु नज़रियों में सदा से फ़र्क रहा है!

चलो चलें!

23.09.20

करते चलो जो दिल करे,

बहते चलो जो ढाल ढले।

ये दुनिया सूखी पड़ी है कहीं-कहीं

चलो, चलकर इसे नम करें।

चलो, चलें उस राह पर जहाँ कोई नहीं है।

जहाँ है तो बहुत कुछ लेकिन,

लोगों का मेला नहीं है।

चलो, ऐसे चलें, की बस चलते रहें।

कोई रोके कहीं, तो कहें – कि हम रुकते नहीं हैं!

चलो देखें उस राह को जहाँ कोई नहीं है।

देखें की वहाँ कुछ है नहीं,

या किसी को कुछ होने का भान नहीं है।

चलो चलें और आगे बढ़ें..

वहाँ तक पहुँचें,

जहाँ पहुँचने का कभी सोचा नहीं है!

जीवन का दस्तूर है ये

23.09.20

जीवन का दस्तूर है ये,

बारिश में लिपटी धूप है ये!

जहाँ से उस सतरंगी का उद्भव होता है,

जो आभासी है, मगर सुन्दर है,

बस... वही मोड़ है ये।

जीवन का दस्तूर है ये,

कोई कुछ समझ नहीं पाता और

यहाँ सब कुछ गुज़र जाता है!

बिल्कुल उस आभासी सतरंगी की तरह;

जिसे कोई छू भी नहीं पाता और

वो ओझल हो जाता है।

आभासी! शायद ये जीवन भी

उसी आभासी प्रतिबिम्ब की तरह है,

जो कभी शीशे में, कभी सपनों में दिखता है।

मगर ये होता नहीं है वहाँ,

जहाँ ये दिखता है!

तुमने कभी देखा है अपनी तरफ?

बस... ये वहीं बसता है।

जीवन कविता

28.09.20

यदि जीवन कविता हो तो क्या हो?

...

तो उसमें गहनता हो।
तो उसमें जटिलता हो।
लेकिन उसके शब्दों में एक सुराख हो,
सम्पूर्ण परिदृश्य का।

क्योंकि शब्दों के संजाल में

हमने स्वयं को बाँधा है इस तरह,

कि जो उपस्थित है समक्ष,

उसे समझना हो तो भी,

हमें शब्दों की व्यवस्था ज़रूरी है।

(मानों किसी आम को खाने के लिए

चम्मच ज़रूरी है! ;)

भोर भई

29.09.20

भोर भई! अब आँखें खोलो!
भोर भई! अब आलस छोड़ो!
बिस्तर में लिपटे हो तुम यूँ,
ज्यों चाँदनी में चाँद!
चाँद गया अब सूरज आया!
देखो नया प्रकाश!

देखो नया प्रकाश, उसकी मद्धम आँच..
अगले पल ये खो जाएगा,
होगा चकाचौंध प्रकाश!

देखो! ये नया जीवन है, इसे जियो तुम!
सारे इतिहास पुराने हुए,
नया इतिहास रचो तुम!!

मेरा घर : हरियाली का मंज़र

02.10.20

बंजर मकानों की बस्ती के बीच, मेरा घर।

मेरा घर, हरियाली का मंज़र।

घर के सामने, और ऊपर छत पर,

मेरी माता ने रोपे

घनी ममता से घने पौध!

पौधों पर सुसज्जित पुष्पों की लड़,

पुष्पों से रिसती सुवासित मरकंद,

उनके आसन्न मेरा मन,

घ्राण से घुसती वो मरकंद,

मन तक!

मन में उपजता आकर्षण का कण,

प्रकृति की ओर!

फिर ये चमन और मस्त बहार...

अंदर और बाहर एक समान!

फिर ये आस, कि काश...

ये बहार रहे नितांत!

जीवन एक वृक्ष

जीवन एक वृक्ष है।

उसकी घनी पत्तियाँ,

उसका तना, उसकी जड़ें,

वह मिट्टी; जिस पर वह है खड़ा,

सब जीवन है।

फिर मृत्यु कहाँ है?

वृक्ष में मृत्यु, उसके हर कण में हर क्षण है!

मृत्यु, उसका मुरझाया हुआ फूल,

उसका पका हुआ फल है!

जो टूटकर गिरता है,

मिट्टी में दबता है, उसकी खाद बनता है।

कभी वह उसमें ही विलीन होता है,

तो उसका अन्त होता है।

कभी वह फिर नया जीवन लेकर उगता है।

फिर वह जीवन का एक नया वृक्ष बनता है।

वृक्ष के जीवन और मृत्यु का यही चक्र चलता है।

कभी जो चक्र का अन्त होता है,

मिट्टी में विलीन होकर,

तो भी वह मिट्टी के जीवन में जीवित रहता है।

अपनी पहचान वृक्ष से छोड़कर,

मृदा से जोड़ता है!

जीवन-मृत्यु के चक्र से गुज़रकर भी

वह कभी नहीं मरता।

किसी भी रूप को धर लेता है,

क्योंकि वह **निरूप** रहता है!

बदलाव का क्रम

23.10.20

संगत बदली, स्वभाव बदला,

स्वभाव बदला, दृष्टिकोण बदला,

दृष्टिकोण बदला, दृश्य बदला,

दृश्य बदला, विचार बदला,

विचार बदला, एहसास बदला,

एहसास बदला, व्यक्तित्व बदला,

व्यक्तित्व बदला, संगत बदली।
ये है – व्यक्ति के बदलाव का क्रम।

ये साँसों के तार

16.11.20

ये साँसों के तार, काया के मोती

ये जीवन के तार, आँखों में ज्योति

दृश्य तो पूरा, दृष्टि अधूरी

ये आवागमन तारों का,

देहों के मोती से, देहों के मोती में।

जीवन ये कैसा, कैसी ये ज्योति,

तम को जलाती, तम में ही होती।

बाहर तो सूना, ये अंदर की हलचल है।

बाहर की हलचल भी, अंदर की जगमग है।

जीवन का पाया, समझ ना आया।

घूमे ये चक्कर, या स्थिर है जाया!?

तू बेखौफ़ रह!

27.01.21

तू... बेखौफ़ रह!
(तेरे साथ हूँ मैं...
हर समय में, हर कदम पे,
तुझे डर नहीं, तू बेखौफ़ रह...)

तू अनन्त है, विशाल है,
असीम है, महान है!
तू बेखौफ़ रह!

तेरी आदतों में आग है,
ज़रूरतों में जान है!
हसरतें हैं ऐसी,
आसमान के समान हैं!
तू बेखौफ़ रह!

जानने को अनकही,
दबी-दबी पहेलियाँ,
निकल पड़ी ये ज़िंदगी,
रास्ते अंधेरे हैं तो, हाथ में मशाल है।
तू बेखौफ़ रह!

अनजानी-सी ज़िंदगी को
जीने का ये जश्न है,
उमंग है, तरंग है।
तूफ़ान के झकोड़ों में भी
लड़ रहा ये हुस्न/मस्त है।
तू... बेखौफ़ रह!!

कब कहाँ किस जगह

05.02.21

कब कहाँ किस जगह,

किस तरह क्या हो जाए,

तूफान हों, ओले पड़ें,

या आग ही बरस जाए;

तुम रहो सदा निश्चल, निश्चिंत!

है ज़रूरत हर समय

बस ख्याल खुद का रखा जाए।

बाहर चाहे हड़कंप मचा हो,

भीतर से सहज रहा जाए।

जीवन है कुछ दिनों का यह

जब जहाँ जो हो रहा हो,

हर घटना एक उपहार है!

देकर अहमियत उपहार को,

अनुभव जीवन का लिया जाए!

जीवन को जिया जाए!

तुम दर्शक हो

सुख और दुख तो बादल हैं
ये आया-जाया करते हैं।

फिर क्या है जो बना रहता है?

आसमाँ बना रहता है!

वो वहीं वैसा थमा रहता है।
आसमाँ को बादलों का धरातल ही समझो अगर
तो आसमाँ मन है!
तुम्हारा मस्तिष्क है!

फिर ज़मीं क्या है?

ज़मीं तो धरातल है दर्शकों का;

जो ये देखते हैं कि

बादल सफेद हैं या श्याम हैं?।

तुम दर्शक हो!
बादलों को आने दो।
जाएँ तो जाने दो।
बरसें अगर,
तो खुद को भीग जाने दो!
क्योंकि तुम.. ना उन्हें थाम सकते हो,
ना उड़ा सकते हो।
तुम दर्शक हो!
बादलों की क्रीड़ा का आनन्द उठा सकते हो!

हम सब वही हैं

27.02.21

हम सब वही हैं, वैसे ही हैं।

हर एक व्यक्ति विस्तार चाहता है।

वो चाहे जैसा हो, फैलाव चाहता है।

लेकिन उस विस्तार में भी फ़र्क आता है,

हमारे गुणों से, परिवेश से।

क्योंकि जो अंदर जाता है,

वही बाहर आता है!

खुद से सरोबार

28.02.21

जब खुद से खुद को रहित पाया जाता है,

जब खुद में खुद को नहीं पाया जाता है;

तब खुद को खालीपन में ले जाकर खोलना।

कुछ कहना नहीं, बस सुनना...

खुद को खुद से।

उस खालीपन में जब तुम

देखोगे बस, खुद को सुनोगे बस,

तब तुम खुद के करीब आओगे

खुद को खुद से सरोबार पाओगे।

खुद ही खुद से खिंच जाओगे, ऐसे

जैसे चुंबक के विपरीत सिरे।

फिर खुद को खुद के सहित पाओगे।

खुद में खोया पाओगे।

स्वर का साम्राज्य

02.03.21

आवाज़ों के बिना जीवन नहीं है।
मन निःशब्द हो भी तो
संसार शान्त नहीं है।

चलो माना... तुम दूर हुए इंसानों से,

जो बेहद आवाज़ें करते थे।

मगर इनसे दूर होकर गए कहाँ?

जंगल में? पहाड़ों पर? समुद्र के किनारों पर?

क्या वहाँ चिर निःशब्दता है?

यहाँ चिल्लाने की, मार–पीट की आवाज़ें थीं।

वहाँ चिंघाड़ने की, दहाड़ने की, किटकिटाने की आवाज़ें हैं।

इन आवाज़ों से छुटकारा पाते कब हैं हम?
सुकून के लिए भी तो संगीत ज़रूरी है!

आवाज़ें तो होंगी ही,

कोई वाद्य यंत्र हो, कोई जाप मंत्र हो या विस्फोटक तंत्र हो;

नाद तो होगा ही!

कुछ ना भी हो तो,

हवाओं की सरसराहट, बारिश की बूँदों की टिपटिपाहट
तो कोई रोक नहीं सकता ना..

आवाज़ का अर्थ यहाँ विक्षोभ नहीं है।
आवाज़ का अर्थ यहाँ ध्वनि है, नाद है।
वह है, जो कानों से टकराकर संवेदना उत्पन्न करता है।
इस बात से जुदा की वो सुखद है या दुखद;
आखिर वो है तो संवेदना!

स्वर की संवेदना!
जिससे खुद को अछूता तो नहीं
मगर समाहित किया जा सकता है।

यही है – स्वर का साम्राज्य!

तुम्हारा है ही क्या!

08.03.21

खुद ही के लिए जिए, तो क्या जिए!
जीवन isolation में नहीं है..
जीवन है inclusion में,
Contribution में।

***

खुद ही से खुद की बातें ना कर इस कदर
कि इस पर तेरा ही हक़ हो!
तूने भी किसी की बातों को सुनकर ही
खुद में बदलाव किया है।

भाषा जो सीखी, दुनिया की थी।
व्यवहार भी दुनिया का था।
तुम्हारा है ही क्या!?

ये देह भी विरासत में मिली!
ये सोच भी परवरिश ने दी!
तुम्हारा है ही क्या!?

इस जीवन पर भी तुम्हारा
एकाधिकार नहीं है।
तुम ऋणी हो!
उऋण होना तुम्हारा कर्तव्य है!

तुम्हें ज़रूरत थी, तुमने ग्रहण किया।

अब जिसे ज़रूरत है, उसे उपलब्ध करो!

यही है उऋणता तुम्हारी!

यदि सामर्थ्य के अनुसार योगदान है,

तभी जीवन अर्थपूर्ण है।

जीवन चमत्कार है

28.03.21

जीवन चमत्कार है।

यहाँ कुछ भी होता है।

बिना किसी सीमा के होता है।

जीवन स्वच्छंदता है।

अनुशासन तो है, मगर असीमता का!

[जीवन लाइलाज है।

इलाज हो उसका, जो बीमार हो।

जीवन कभी बीमार नहीं होता।

वह किसी ना किसी क्षतिपूर्ति में लगा होता है;

जिसे हम बीमार कहते हैं।]

जीवन पूर्णता है;

हमें रिक्तता को पूरा करने को मजबूर करता है।

जीवन... जैसे कोई सपना है;

जिसमें चमत्कार हैं, विचार हैं,

समझ से परे के उपहार हैं।

[जीवन कोरी कल्पना है।

वह कल्पना, जिसका कोई आधार नहीं।]

जीवन adventure है! क्रीड़ा है।

जीवन झंकार है।]

ज़िंदगी पहेली है

01.04.21

ज़िंदगी पहेली है।

मगर,

ज़िंदगी पहेली ही सही है।

इसे जानने की चाह अब नहीं है।

वैसे, जानना मात्र शब्दों से तो होता नहीं है।

जानना होता है:

जानने की इच्छा – जिज्ञासा से।

जो कि हममें प्रकृति प्रदत्त है!

जन्म से ही उपलब्ध है!

जानने के लिए तो दर्शन ही काफी है।

जीवन का अवलोकन ही काफी है।

फिर अवलोकन से ग्राह्य ज्ञान का

उजागरण आवश्यक नहीं है;

वो तो विद्यमान है!

ज्ञाता के अनुभवों में ज्ञान है!

यही सृष्टि का विकास है।

जीवन का उत्थान है।

उजागरण तो मात्र अभिव्यक्ति है,

प्रदर्शन है।

अपनी योग्यता की ओर

व्यष्टि का आकर्षण है।

मेरा ज्ञान मुझमें समाहित है,

यही काफी है!

मेरे मौन में जो अवलोकन प्रवाहित है,

वही काफी है!

तब तक तो देखूँ!

14.04.21

जब तक हूँ, तब तक तो देखूँ!

फिर तो वैसे भी कुछ है नहीं।

अभी तो ज़िंदगी की धार भी है बह रही।

फिर जो मृत्यु का ठहराव है,

उसमें कुछ है नहीं, या है बहुत कुछ,

हमें पता नहीं।

(वह तो जब होगा, तब देखेंगे ही।

मगर जब तक ये हूँ, इसे तब तक तो देखूँ!)

मगर इस जीवन की चपलता को

जीवन के बहाव को

जब तक हूँ... तब तक तो देखूँ!!

जीवन की सार्थकता का अर्थ

16.04.21

जो चाहिए जीवन में, वो है;

स्वयं का विकास और स्वयं का योगदान;

उसके लिए, जिससे मैंने जल लिया,

खाद ली, वायु ली, रोशनी ली।

अब उस मिट्टी पर

अर्पित करना है, अपनी विकसित टहनियों की

पत्तियों को, जो अतिरिक्त हैं;

मेरी टहनियों पर।

(पर उसके लिए वो खाद हैं)

जिनका उपयोग मैंने कर लिया;

अब उसे दिया जाए, जिसके लिए

इनका उपयोग है।

आखिर उसका वह उपयोग भी,

मेरा ही सदुपयोग है।
यही जीवन की सार्थकता का अर्थ है!

सपने कभी मरते नहीं हैं

18.04.21

सपने कभी किसी के मरते नहीं हैं।

कोई आगे बढ़ भी जाए तो,

आगे बढ़ने के रास्ते रुकते नहीं हैं।

मंज़िल तक पहुँचते हैं,

मगर वहीं थमते नहीं हैं।

नई मंज़िलें ईजाद होती रहती हैं,

जीवन की गाड़ी इन पर रुक-रुक कर

पार होती रहती है।

सपने कभी मरते नहीं हैं।
आगे बढ़ने के लिए हमें जगाए रखते हैं!

जीवन और मौत

30.04.21

ज़िंदा हैं जो आज, उन्हें मरना ही है।
जीवन और मौत के बीच के
संघर्ष से गुज़रना ही है।

फिर डर बचा किस बात का?

जिस मिट्टी में जन्मे हो,
उसमें ही तो मिलना भी है!
जीवन और मौत के बीच का फ़ासला है कितना,
हमने तो देखा नहीं है।

मगर सच तो है कि,
फ़ासला कुछ भी नहीं है!

फ़ासला होता है वहाँ,
जहाँ आपस में कोई सम्बन्ध ना हो।
यहाँ तो जीवन का जन्म से ही मृत्यु से सम्बन्ध है!
यही पूर्ण विपरीतों का प्राकृतिक आकर्षण है।
(ये उन्ही विपरीतों में से एक हैं, जो आपस में घनिष्ठ जुड़े हैं।)
आख़िर मृत्यु के धरातल पर ही
जीवन का बहाव टिका है!

(तो ज़िंदा रहकर जीवन जियें!
मरने से पहले ना मरें!)

जियो!

06.05.21

माना, जीवन में confusion बहुत है।

लेकिन,

यदि सोचते ही रह जाओगे,

तो जियोगे कब?

यदि दुखों में रोते ही रह जाओगे,

तो हँसोगे कब?

हँसो..! जियो..!

अब ये ना पूछ लेना... कि जीते कैसे हैं?!!

जीते ऐसे हैं, कि बस **जी** लेते हैं!!

सोचते नहीं हैं,

जी लेते हैं!

तुम्हारी दृष्टि में

15.05.21

ये उड़ते पंछी,

पौधों पर हरी पत्ती,

ये बादलों के परदों से छनती; सूरज से झड़ती

सीधी–सटीक उजली किरणें,

नीले आसमान पर बादलों की धूसर वर्दी,

ये रंगीन दुनिया की सुन्दर ज्यामिति;

सब कुछ जैसे नियमों के बंधनों में बंधी कश्ती!

इस छोर से देखो, तो सब कुछ वही है।

उस छोर से देखो, तो बिल्कुल अलग है!

तुम्हारी गलतफ़हमी है ये,

कि ये सृष्टि कितनी सुन्दर रची है।

अरे! ये खूबसूरती तुम्हारी दृष्टि में ही बसी है!

तभी तो... तुम्हें जो खूबसूरत है,

वही किसी को नासाज़ है।

तुम्हारी ख़्वाहिशों का यह कोई आगाज़ है।

सब कुछ वहम है!

19.05.21

सब कुछ वहम है!
आँखों के सामने जो स्पष्ट है,
वह आँखों के भीतर का बिम्ब है!
सब कुछ वहम है!

यह भी हो सकता है,
कि ये वहम ना हो;
मगर इसकी निश्चितता नहीं है।
जो हमें दिखता है जैसा, वो वैसा ही हो,
इसकी भी निश्चितता नहीं है!

वास्तविकता इसकी सच हो या झूठ हो,
मगर हमारी इन्द्रियों की संवेदना
मानने को मजबूर करती हैं हमें,
कि ये सच ही है।
ठीक वैसे जैसे यही संवेदनाएँ, सपनों में,
मानने को मजबूर करती हैं हमें,
कि ये सच ही है!

लेकिन अगर ये है वहम,
तो सच क्या है?
वह तो तभी पता चलेगा,
जब नींद खुलेगी...!
(बादल हटेगा... धूप दिखेगी!)

अगर जानना है खुद को

अगर जानना है खुद को पूरी तरह,

तो जानो उसे; जिसे तुम नहीं जानते अब तक!

अगर बनना है कुछ नया,

तो बनो वो, जो तुम नहीं थे अब तक!

जो तुम जानते हो अभी खुद को,

वो तो केवल एक identification है;

खुद की उन परतों का खुद से;

जिसे तुम जान चुके हो खुद में।

मगर असल में तुम उससे ज़्यादा हो।

क्योंकि जैसे-जैसे नई स्थितियाँ बनती हैं,

वैसे-वैसे नई परतें खुलती हैं, खुद की,

जिसे तुम नहीं जानते थे।

"तो तुम वो नहीं जो तुम हो, तुम उससे कहीं ज़्यादा हो!"

तुम्हारी परछाइयाँ

15.06.21

अगर तुम्हारे जीवन के ढलने के साथ ही,

तुम्हारी आसानियाँ भी ढह जाएँ,

तो समझ लेना,

तुम्हारे आगे बढ़ने के साथ ही,

तुम्हारी परछाइयाँ पीछे रह गईं।

तुम तो आगे बढ़ गए;

तुम्हारी समझदारियों के साथ;

तुम्हारी नासमझियाँ पीछे रह गईं।

तुम जो सोच कर चले थे आगे,

जब वो ना हुआ तो,

तुम्हारी समझ के परिन्दे उड़ गए!

जीवन में नासमझियाँ भी ज़रूरी हैं,

किन्हीं मुकामों पर।

सपने भी नासमझी वाले ज़्यादा बड़े होते हैं!

जब तुम्हें तुम्हारी समझदारी

नाकाम लगे किसी मोड़ पर,

तो तुम्हारा ये मान लेना भर

कि तुम नासमझ हो अब भी,

यही परछाई है तुम्हारी।

मान लेना कि तुम अभी पूरे समझदार नहीं हो,

यही इस परछाई की ठण्डक है!

जिस बारिश में भीगने से तुम हिचकिचाते थे अब तक;

उसमें फिर उसी जीवन के पहले दौर की तरह

दिल खोलकर भीगना
इस परछाई की ठण्डक है!

दिमाग के जिन घोड़ों को तुम दौड़ते हो हर दम,
उन्हें कभी-कभी आराम से चुगलने देना,
इस परछाई की ठण्डक है!

जिन आँखों को तुम हर वक़्त काम में
झुकाए रखते हो,
उन्हें कुछ वक़्त आसमान को, हरी पत्तियों को,
चुपचाप निहारने देना,
इसी परछाई की ठण्डक है!

कुल-मिलाकर जो तुम दूर हुए थे खुद से,
खुद को आगे बढ़ाने की मशक्कत में,
उससे फिर दोबारा मिलना,
तुम्हें आसान बनाता है;
जीवन के लिए..
तुम्हारे शब्दों में;
उसके सदमों के लिए!

(असल में तो वे सदमे, adventure हैं।
जिनसे जीवन में आकर्षण है।)

नारी की कहानी

23.06.21

इस संसार में मौजूद हैं अनेक प्राणी,

उनमें से एक मनुष्य है।

उसकी भी दो प्रजाति :

एक पुरुष, एक नारी।

यहाँ पुरुष की भूमिका स्वतंत्र है।

जिससे उसका जीवन स्वच्छंद है!

मगर क्या सुनी कभी नारी की कहानी?;

किसी रूढ़िवादी तबके की कहानी :

पहले तो उसके जन्म पर मातम छा जाता,

फिर उसके जीवन में विकास को

ज़रा भी महत्व नहीं दिया जाता।

उसके छोटे हाथों में बड़े बर्तनों को थमाया जाता।

फिर जीवन के कुछ वर्ष ही बीते

कि बची-कुची सरलता में

प्रकृति प्रदत्त वह लाल धब्बा आड़े आ जाता;

और अपने साथ समाज के कई असहज

नियमों को लेकर आता।

उससे समझौता करना सीखी नहीं

कि उसे किसी दूसरे के घर को उसका घर बताकर

वहाँ समझौते करने भेज दिया जाता।

वहाँ सामंजस्य बैठा नहीं

कि उसके ऊपर नए जीवन की

उत्पत्ति के दर्द का बोझ आ जाता।

फिर बस... यही चक्र चलता जाता...

घूँघट के पिंजरे में दबी नारी का जीवन
यूँ ही बर्बाद हो जाता!

चलो प्रकृति प्रदत्त नियम तो नियम हैं
मगर मानवीकृत नियम तो नियम नहीं हैं,
वे तो निठुर दबाव हैं।
(वे तो बदले जा सकते हैं।)

कभी उस घूँघट के भार से ढकी नारी
पर भी विचार करो!
उसकी ममता का तुम थोड़ा मान करो।
क्या वह इंसान नहीं है?!
क्या उसे इस संसार में
खुलकर साँस लेने का भी अधिकार नहीं है?!

घूँघट से तात्पर्य यहाँ उन सभी
समाज प्रदत्त बोझों से है,
जो केवल उसी पर जबरन लादे गए।
जिनका कोई औचित्य नहीं।
जो बेवजह उस पर डाले गए।
वजह अगर है भी कोई
तो वह है उसका उत्पीड़न मात्र!

शरीर मात्र की संरचना में थोड़ा हेर-फेर होने से
उसके जीवन जीने के अधिकार
पुरुषों से कम नहीं हो जाते!

पुरुष तो मात्र रचना है प्रकृति की
मगर स्त्री तो रचना भी है और
रचयिता भी है : स्त्री और पुरुष दोनों की!

तो अपने विचारों में थोड़ा खुलापन लाएँ
और विचारों की अधमता से उठकर ऊपर आएँ।
क्योंकि नारी प्रकृति की वह रचना है,
जो स्वयं रचयिता है!

ये क्या चक्कर है?

30.07.21

ये गए, वे आए,
ये क्या चक्कर है?
वे गए, ये आए,
ये क्या चक्कर है?

जब तक वो नया था
उसमें समायोजन ना हुआ था।
समायोजन होते ही
हम वहाँ से चले आए..
कहीं और समाने; ये क्या चक्कर है?!
यहाँ से जाना, वहाँ से आना,
आना-जाना यहाँ-वहाँ बस
और कहीं पहुँच ना पाना;
ये क्या चक्कर है?

असल में ये जीवन का चक्कर है।
लुढ़कते रहना इसका सतत है।
जहाँ थमे वहीं अन्त है।
ये जीवन का चक्कर है!

(कैसा ये चक्कर है!
बड़ा अटपटा है, निरर्थक-सा है।
बड़ा अजूबा ये चक्कर है।
समझ से बाहर का चक्कर है।
ये जीवन का चक्कर है।)

जियो तो जियो ऐसे

07.08.21

जिन कमियों के साथ हम पैदा हुए;

उन्हीं के साथ मरे भी.. तो क्या जिए?

अगर पूरे जीवनकाल में,

जहाँ रहे उसी में सुधार नहीं किया,

तो किया क्या?

जियो तो जियो ऐसे,

कि एक नए इंसान बनकर मरो!

तुम्हारा काल्पनिक आदर्श है जो,

उसे वास्तव के स्वयं में उतारकर जियो!

क्या स्वतंत्र हुए हम?

13.08.21

अब पूछें ये सवाल खुद ही से,
क्या स्वतंत्र हुए हम?

स्वतंत्र तो हुए हैं हम,
किन्तु जग के पंथ पर
जो कंटकों का जाल बिछा है,
वह पंथ की बाधा नहीं है,
पंथ की बाधा वही;
जो मस्तकों से नत हुआ है।
मस्तकों से नत हुआ तो
प्राण तो उसके रहे,
मगर वह स्वामी नहीं फिर
उस धड़कती जान का!
फिर तो वह एक दास है
किसी अन्य पापी प्राण का!

तो क्या स्वतंत्र हुए तुम?!

कलाकारी करें!

14.08.21

वाह! कितनी अच्छी है स्वतंत्रता!
हम सुबह उठें, बैठें धूप में,
बैठकर कलाकारी करें!

लेकिन इन दिनों अनजाने ही
हम परतंत्रता में आ फँसे हैं...
ये कवि भी परतंत्र है
और चित्रकार भी।
जैसे ये कलाकार ही परतंत्र है।
जो कि अपने जीवन के
कीमती-मधुर क्षणों को गंवा रहा है;

किसी चार दीवारी में,
अन्य ही किसी काम में।
और उस अन्य चार दीवारी में ये स्व-तंत्र नहीं है।
क्योंकि वहाँ तो "पर-तंत्र" है।

अभी तो यह दबा नया कलाकार उभरा भी नहीं है।
उसे उभरने के लिए चाहिए – "स्वतंत्रता"
एक अवकाश.. जहाँ वो पूर्ण स्वच्छंद हो!

क्योंकि वो जो भी करे - स्वयं के तंत्र से,

उसका हर एक कृत्य अर्थपूर्ण है;
उसके जीवन के लिए।

मगर इस परतंत्रता में बीत रहा जो जीवन है,
वह तो निरा अर्थहीन मालूम पड़ रहा है।

जैसे वहाँ जीवन है ही नहीं।
तो हमें जीने के लिये जो चाहिए,
वह है – ''स्व-तंत्रता''

(जो ये कलाकार अभी दबा हुआ है,
इसे खुलने दो।
ये ना सोचो कि अब समय खत्म है,

समय को देखो तो,
अभी तो समय ही समय निहित है।)

***

आओ... उठे-बैठें कलाकारी करें!
ताज़ी मद्धम रोशनी के सामने खुद को अनावरित करें!
अपने अंदर समाहित सृजक की पूर्णता को उद्घाटित करें!

स्वतंत्रता क्या है?

15.08.21

स्वतंत्रता कोई बाहर की वस्तु नहीं है।

यह आता है, हमारे अंदर से!

यदि बाहर कोई परतंत्र भी है,

तो भी अपने आप में स्वतंत्र रहा जा सकता है।

स्वतंत्रता क्या है? — एक खुलापन।

आप जो भी करें,

जो भी कहें, जो भी सोचें;

इन सभी में खुलापन!

और जब कुछ ना करें,

तब भी इस बात का खुलापन

कि आप जो भी करें

वह आपका स्वतंत्र निर्णय हो!

क्या चाहती हो

मैं समझ रही हूँ, तुम क्या चाहती हो।

लेखकों की तरह तुम हर समय

विचारों में डूबे रहना नहीं चाहती।

तुम कुछ करना चाहती हो।

केवल सोचना नहीं चाहती।

लेखकों के तो खयालों में और असलियत में

एक बड़ा अन्तराल होता है।

तुम उस अन्तराल को पाटना चाहती हो!

खयालों को जीना चाहती हो!

तुम चुनौतियों के साथ जीना चाहती हो।

जीवन को उसके अन्तिम दौर में

यादग़ार बनाना चाहती हो!

बहते पानी में तो कश्ती बच्चे भी चलाते हैं कागज़ की।

तुम समुद्र की लहरों से जूझता जहाज चलाना चाहती हो!!

सबेरा नया होता है!

11.09.21

सबेरा नया होता है!
वो धूप नई होती है, वो आसमाँ नया होता है!
उन सुबह के पलों में जीवन नया होता है!

बीती रात का अंधेरा, चाँद की चाँदनी ने समेटा
और सूरज ने डाला फिर ताज़गी का बसेरा।
चिड़ियों ने चहककर कहा फिर,
जागो! ये नई पहर है!

सुबह का नज़ारा नया होता है।
सब कुछ जैसे धुला-धुला, ताज़गी से भरा होता है!
सबेरे में उमंग का बसेरा सुनहरा होता है।
सबेरा नया होता है!

रास्ते आसान मत खोजो

ये जो तुम्हें मिली अमानत है,
इसे यूँ ही ना समझो।
इसके बदले में रास्ते आसान मत खोजो।
ये जो मिला है तुम्हें,
इसके बदले तुम जान भी तुम्हारी दे दो,
तो भी सौदा बराबरी का नहीं होगा!

ये जो अनन्त संभावनाएँ, अनन्त अनुभूतियाँ हैं जीवन की,
ये deserve करती हैं:
तुम्हारा परिश्रम, तुम्हारा त्याग, तुम्हारा बलिदान,
तुम्हारा सर्वस्व अर्पण इसके हिस्से में है!
ये सब कुछ (जीवन) बड़ी कठिनाइयों से नसीब है!

रास्ते आसान मत खोजो!
तुम्हारा फ़र्ज़ है कि तुम भी कठिनाइयों का सामना
सहजता से करो!

जीवन का मज़ा तो तभी है,
जब कुछ करतब दिखाए जाएँ!
बैठे–बैठे तो ज़िंदगी यूँ ही कट जाती है।
जीना तो तभी है, जब तुम्हारी सामर्थ्य का
पूरा उपयोग हो।
जब जीवन को काटा नहीं जिया जाए!
मज़ा तो तभी है।

जब उच्च लक्ष्य हमने ठाना

19.09.21

जब उच्च लक्ष्य हमने ठाना,

पथ दुर्गम है यह भी जाना,

किन्तु था मन में विश्वास जगा;
हाँ हम यह भी कर जाएँगे!

वर्तमान में हैं जहाँ,
उससे आगे बढ़ जाएँगे!

पंथ में काँटे भी थे,
आग की दरिया भी थी।

जब चूँकि हम कदम बढ़ा चुके थे,
हृदयंगति तब रुकी नहीं!
चलती साँसें तब थकी नहीं!

तब हार नहीं हमने मानी।

दरिया में कूदकर, हिम्मत नहीं हमने हारी!

हम बढ़ चले,
हम कर चले कुर्बान अपने सुखों को!
वह चाहे कुछ पलों का हो
मगर उस अन्तराल मात्र संघर्ष था!

प्रयासों की गोद थी वह

जिसमें हमने प्रयोग किए, हर बार नए!

इसी उम्मीद में कि हमें भी सफलता मिले।

कोशिशें थी हर बार वही
मगर गलतियाँ हर बार नई;
हमने कभी दोहराई नहीं।

कई मुश्किलें आईं, अनेक परेशानियाँ आईं,

हमने भी कूद-फाँद कर,

हाथ-पैर मार-मार कर,

वह स्वर्ग पा ही लिया!

था दृगों में स्वप्न जो,

सत्य वह कर ही दिया!

ये ज़रूरी है

21.09.21

तुम्हारे चेहरे पर चाहे हो सूरज-सा ओज
पर तुम्हारे मस्तिष्क में चाँद-सी ठण्डक हो,
ये ज़रूरी है!

ज़रूरी है वायु-सा वेग, झरने-सा प्रवाह,
और वृक्ष-सी स्थिरता भी ज़रूरी है!

ज़रूरी है मस्तिष्क के धरातल का
सहज, स्थिर, शान्त होना!
ताकि उस पर आसानी से गति हो,
तुम्हारे विचारों की, तुम्हारे तर्कों की, तुम्हारी समझ की।

यदि ज़रूरी है जीवन में निरन्तर गतिशीलता,
तो उसके आधार में ठहराव भी ज़रूरी है।

भाई तुम क्या जानो!

23.09.21

भाई तुम क्या जानो, आग क्या है!

जलना किसे कहते हैं, तुम्हें क्या पता!

तुम तो प्राचीनकाल से बुझी हुई राख हो।

बुझी राख होना तुम्हारा दोष तो नहीं।

मगर दोष है कि तुमने

जलती हुई आग को निरर्थक कह दिया।

दोष है कि तुमने

पंचतत्वों में से एक तत्व को बेवजह कह दिया!

कहने से पहले (कि तुम बेवजह क्यों जलती हो)

ये नहीं सोचा कि,

सूरज भी जलता है;
जिससे जीवन है धरा पर!

वह अग्नि भी दहती है,

जिससे तुम्हारे पेट का आहार पकता है!

वह लौ तो तुम ही जलाते हो ना,

दीपक में बाती रखकर!

स्वयं की संतुष्टि के लिए!

फिर क्यों चाहते हो मुझे बुझाना?

क्या इसलिए कि तुम स्वयं बुझी राख हो?

या तुम मुझे जलने नहीं देना चाहते,

क्योंकि तुम्हें आँच लगती है;
और वो तुम्हें पसंद नहीं।

देखो, मैं समझती हूँ कि तुम ठण्डी राख हो;
तुममें और जलने की अब क्षमता नहीं।
किन्तु इसका यह अर्थ नहीं
कि तुम किसी योग्य जलती आग को
बुझाने की चेष्टा में
अपनी ठण्डक को भी तबाह कर दो।

उसे बुझाने की चिंता तुम्हें नहीं करनी है।
जो जल रहा है अभी,
वो बुझेगा भी कभी ना कभी!
उसकी फ़िक्र तुम्हें क्यों करनी है?

तुम अपनी ठण्डक का आनन्द लो,
उसे अपनी गर्मी का लेने दो।
क्योंकि जीवन में जब जहाँ जो है,
उसे बदला तो नहीं जा सकता ना!

चलो मत, दौड़ो!

10.10.21

चलो मत, दौड़ो!
उड़ सको तो उड़ जाओ!
रुको मत, बढ़ो!
ऊँचे शिखरों पर चढ़ते जाओ!

सूरज की तरह चमकने की हिम्मत रखो और चाह भी!
जाओ जहाँ तक जा पाओ!
क्योंकि वो दिन दूर नहीं जब तुम
पीछे मुड़कर देखोगे
कि तुम कहाँ थे और कहाँ आ गए।
जब तुम स्वयं के जीवन जीने के ढंग का
मूल्यांकन करोगे।
उस अन्तिम दौर में तुम्हें ये ना लगे
कि काश! ये भी कर लिया होता!
बल्कि ये लगे, कि
इससे ज़्यादा मुझसे नहीं होता।
इससे बेहतर और क्या होता!

(जीवन को उसके अन्तिम दौर में यादगार बनाने का मतलब है, कि तुम्हारे अब तक
के जीवन की यादें, समस्याएँ, उपलब्धियाँ फीकी पड़ जाएँ; तुम्हारे आने वाले
जीवन की समस्याओं, यादों और खुशियों के सामने।)
(बड़ी समस्याओं का मतलब होता है, बड़ी चुनौतियाँ।
और बड़ी चुनौतियों का मतलब, बड़ी कामयाबियाँ!)

ये काग़ज़ मेरा आईना

23.10.21

मेरी ज़बान मेरी कलम है,
और ये काग़ज़ मेरा आईना!
और मैं बातें करती हूँ
खुद से इस आईने में
लंबी-लंबी, जब तक दिल करे!

अपने भावों को अल्फ़ाज़ों में
व्यक्त करने का ये तरीका अच्छा है!

बस बातें तुम्हारी खुद से खुद तक ना रहें।
अगर ये सुनाने योग्य हैं,

तो सुनाई जानी चाहिए;
उन्हें जिन्हें ज़रूरत है।
जो सुनना चाहते हैं।

ये काग़ज़, जिस पर मेरी कलम की ज़ुबाँ ने
अल्फ़ाज़ बिखेरे हैं,
मेरा आईना है! पढ़ लो मुझे...

पाठशाला

28.10.21

अभी तो बहुत कुछ बाकी है।
अभी तो जीवन शुरू हुआ है।
अभी तो पूरा सफ़र बाकी है!

अभी तो आँखें खोली हैं हमने!
अभी तो चलना सीखा है!
कभी लड़खड़ाते हैं, कभी गिर पड़ते हैं,
लेकिन उठ-उठ कर चलने में बड़ा मज़ा है!
अभी तो बोलना सीख रहे हैं,
लेकिन समझ में सब आता है!

सीखेंगे हम भी धीरे-से कि
कैसे पढ़ते हैं, कैसे लिखते हैं, कैसे बोलते हैं,
कैसे हर काम करते हैं;
अब तो बस अगला पूरा वातावरण
एक <u>पाठशाला</u> है!

तुम एक कहानी हो

15.11.21

तुम एक कहानी हो
और कहानीकार भी।
पढ़ते भी हो इसे,
और हो कहानी के पात्र भी।

अब जब कहानी तुम ही हो,
तो क्यों ना इसे ऐसे रचा जाए कि
रचने में भी मज़ा आए, और पढ़ने में भी;
आखिर ये काम भी तो तुम्हारे ही हैं ना।

तुम एक कहानी हो... भूलना मत..

ज़माना रफ़्तार देखता है

18.01.22

ये बात जान लो, सब समान हैं।

जो वो हैं, वो तुम हो;

जो तुम हो, वो वो हैं।

सब समान हैं!

अन्तर कहीं किसी में नहीं है।

अन्तर आता है अगर व्यक्तियों में

तो वो उनकी अभिव्यक्ति से

और वो है तुम्हारे हाथ में।

. . .

तुम्हारी एड़ियों में छाले हैं

या जूतों में तलवे नहीं,

फ़र्क नहीं पड़ता!

क्योंकि ज़माना तुम्हारी दौड़ देखता है।

तुम्हारी फटी एड़ियों और टूटे जूतों के साथ

कोई और अगर बढ़िया जूते,

अच्छे पैर और अच्छे रास्ते पर

तुमसे थोड़ा भी तेज़ दौड़ लेता है,

तो वो (दुनिया की नज़रों में)

बेहतर धावक है।

क्योंकि दौड़ते वक्त कोई तुम्हारे जूतों को

और उनके भीतर नहीं देखता।

ज़माना रफ़्तार देखता है!

गुड़हल का फूल

22.01.22

जब जीवन में लाल रंग आता है,

जीवन गुड़हल का फूल हो जाता है।

मैं स्त्रीकेसर, वो पुंकेसर हो जाता है।

मगर कमबख़्त वो भौंरा नहीं आ पाता, जो हमें मिला पाए;

उसके परागकणों को मुझ पर डाल पाए...

उसे बगीचे में आने से कुछ हवाएँ रोक लेती हैं।

और फिर हम दूसरे गुड़हल के फूलों की तरह

एक ही दलपुंज पर भी तो नहीं

जो मिलने के लिए किसी भौंरे की ज़रूरत ही ना पड़े।

फिर एक दिन ये फूल विरह में ही मुरझा जाता है।

मुरझाते तो दूसरे फूल भी हैं

मगर वो जीवन की पूर्णता से... विरह से नहीं।

ये फूल तो मुरझाकर, रंगीन यादों के उड़े हुए रंगों को लेकर,

अपनी अधूरी कहानी, अधूरे एहसास, अधूरे जीवन के साथ

यादों की किताब में दब जाता है।

और बेरंग, मुरझाया, सूखा गुड़हल का फूल बनकर रह जाता है।

मुरझाया ही सही... मगर,

जीवन गुड़हल का फूल हो जाता है,

जब जीवन में लाल रंग आता है।

गाँव की सौंधी सुगंध

गाँव की सौंधी सुगंध
माहौल में चिड़ियों की खनक
मन मोह लेती है!
मुझे दूर जाने से रोकती है।
कहती है, *'मत जाओ...*
यहीं ठहर जाओ।'

सामने दूर क्षितिज तक का दृश्य
नज़रों को टिका लेता है!

मगर मजबूरियों में बँधी मैं
जाने को मुड़ती हूँ
कि फिर एक आवाज़ आती है;

'मत जाओ, यहीं रुक जाओ!
इस सौंधी सुगंध की कद्र करने वाला
यहाँ कोई नहीं है।
इन नज़ारों के सौन्दर्य का बोध
यहाँ किसी को है नहीं।
और ये निःशब्दता
यहाँ किसी को समझ आती नहीं।

तुम्हें इन नज़ारों की कद्र है!
इस सुगंध का आनन्द लेना तुम्हें आता है!
इस निःशब्दता में तुम्हें बहुत कुछ समझ आता है!

तुम्हारा सौंदर्यबोध तुम्हें माहौल में डुबाता है!

तुम्हें भी हक़ है...
शहर की चिकल्लस से निकलकर
गाँव के सुकून में ठहरने का।

क्योंकि यहाँ तो सुकून किसी को सुनाई नहीं पड़ता।
सबको शहर की चकाचौंध चाहिए।
छोटे मकानों से निकलकर
सबको बड़ी इमारतें चाहिए।
शान्त खलियानों से दूर सबको कारखाने चाहिए।
मिट्टी की सौंधी सुगंध उन्हें प्रभावित नहीं करती,
उन्हें तो महंगे कृत्रिम इत्र आकर्षित करते हैं।

मगर तुम्हें गाँव की खामोशी,

उसकी सादगी, उसकी निःशब्दता आकर्षित करती है।''

वो आवाज़ मुझे रोकती है,
मुझसे मेरा गाँव में महत्व बोलती है।
कहती है: "देखो!
यहाँ वो सब कुछ है जो तुम्हें चाहिए।
तुम्हारा सुकून यहीं बसता है!''

दिल भी कहता है:

"शहर की चिकल्लस से निकलकर

यहाँ प्रकृति का मधुर गान सुनना है।
बहुत हुई गाड़ियों की चें-पों, वाहनों का विक्षोभ,
कंक्रीट के जंगलों के बीच का जीवन बहुत हुआ!
अब खेतों के बीच जीना है।
बिना विचलन के, शान्त एकान्त में..."

तभी दिमाग आड़े आता है,
वो अपने गणित लगाता है,
कहता है:

"ये बातें बेशक सही हैं।
शहर के सटे मकानों से विचारों का कुण्डापन
अब विस्तार चाहता है।
इन खेतों का क्षितिज वाला दृश्य आत्मा को खोलता है!
अब हमें खुलापन चाहिए।

मगर सच तो है कि गाँवों के भी खेतों में सुकून है;
और हम तो यहाँ भी मकानों में रहेंगे ना!
उन्हीं मस्तिष्कों के अगल-बगल
जिन्हें ना तो सौंदर्यबोध है,
ना सुकून को सुकून से सुनने की आदत!

जहाँ मिट्टी के मकानों की ठण्डक की जगह
अब कंक्रीट की उमस लेने लगी है।
जहाँ कच्चे रास्तों की नर्मी अब नहीं...
अब पक्की सड़कों पर पड़े पत्थर और गड्ढे
अड़चन डालते हैं!

जहाँ औद्योगीकरण की पहुँच
उसे गाँव और शहर के बीच का
कुछ और ही बना रही है।

ये सुकून यहाँ की बसाहट में अब कहाँ!
अब तो खेती में भी शुद्धता नहीं है।"

दिमाग एक झटके में अनेक उदाहरण दे जाता है।
उसके इतने तर्कों से मेरा मन मसोस जाता है!
मेरे कदम एक बार फिर पीछे मुड़ते हैं,
और मुझे वहीं रोकने वाली वो आवाज़... फिर नहीं आती।
फिर बचती है बस... उसकी निःशब्दता...
जिसे मैं समझती रह जाती हूँ...

...

मिट्टी प्रकृति का प्रजनन अंग है... और शहर उसे बाँझ बनाता है।

आँखें झरोखे हैं

13.03.22

"आँखें झरोखे हैं" ये यूँ ही नहीं कहा जाता।

आँखें झरोखे हैं;

इनसे बाहर भी झाँका जा सकता है

और भीतर भी।

आँखें साधारण नहीं,

ये रूह छू सकती हैं;

अगर चारों झरोखे खुले हों।

आँखें जादू हैं।

आँखें अभिव्यक्ति हैं, व्यक्तित्व की।

आँखें चुंबक हैं;

किसी को भी देखें, पहले आँखों पर आँखें जाती हैं।

आँखों का क्या कहना..

आँखें झरोखे हैं; जिस्म के मकान में।

मेरा शहर

14.03.22

बड़े नपे हुए रास्तों में सिमटा है "मेरा शहर"

इस छोर से शुरू होता है और उस छोर पर जाकर
रास्ता खत्म होता है।

बीच में कहीं दूसरी कोई संभावना नहीं है।

नपे हुए रास्ते... वही बार-बार नापने पड़ते हैं।
कुछ नया नापने का होता नहीं "मेरे शहर" में।

उन्हीं सिमटी लंबी सड़कों में सिमटा है "मेरा शहर"।

खामोशियाँ लेकर चलते हैं!

17.03.22

चलो! इस रास्ते पर खामोशियाँ लेकर चलते हैं!
इस बात से बेपरवाह, कि दुनिया को आवाज़ें चाहिए!

चलो! सूरज की सुर्खियों में,
अपने ग़मों की सर्दियों को मिटाने चलते हैं!

चलो! स्वर्ग की सीढ़ियों पर कदम धरते हैं!
जहाँ अपना क्षेत्र हो बस...
चलो! वीरान किसी निर्जन में जाकर बसते हैं!

जहाँ सूरज-चाँदनी की बातें हों,
रोशनी-अँधेरों की बातें हों!

जहाँ बस जज़्बात हों, अल्फ़ाज़ों की ज़रूरत ना पड़े!
दुनिया की राजनीति से दूर
जहाँ बस अपनी दुनिया बाकी रहे!

जहाँ मेरी परछाई मेरा साथ ना छोड़े!
जहाँ दिल का बच्चा दिल खोलकर बोले!

जहाँ तन्हाइयों में सुकून बसता हो!
जहाँ अपनी आँखों में एक नशा दिखता हो!

जहाँ ना कुछ खोने की फ़िक्र हो,
ना कुछ पा जाने की तलब!
जहाँ बेशर्मी से मुस्कुराएँ, रोएँ, गाएँ मेरे लब!

महज़ आजीविका की जद्दोजहद से दूर...
चलो एक घर बसाएँ,
जहाँ जीने के लिए जीना ही काफी हो!

जहाँ जीविका हासिल हो जिस काम से,
वो बस करते रहने का दिल करे!
जहाँ हमारे दिलों की बातें मुकम्मल हो पड़ें!

चलो! अब जो बाँधता है हमें,
उसे बेफ़िक्री से छोड़ें!
पिंजरे के घर को तोड़ें!
चलो! अब आज़ाद पंछी हो लें!

किताब हूँ मैं!

12.04.22

किताब हूँ मैं!
इस किताब को कोई पाठक चाहिए।

जो उसके बन्द पन्नों को खोले, उसे पढ़े!
उसमें लिखी गहनता में गोते मारे मज़े से!
जो इस अनजान किताब के चर्चे करे अपनी दुनिया में।

जो इस किताब को छुए तो लगे,
जैसे इसी पाठक की तो तलाश थी इसे...
जो इसके कोरे पन्नों पर वो कहानी भी लिख डाले
अपने हाथों से, जिससे ये किताब पूरी हो जाए।

जो पढ़े इसे तो इसमें खो जाए!
खुद को इस किताब का पन्ना पाए!
पाठक किताब में, किताब पाठक में रम जाए!

मैं किताब हूँ और उसकी लेखिका भी।
ये किताब अब खुलना चाहती है।
इसे कोई पाठक चाहिए!

बेवजह का सुकून

20.04.22

बेवजह के सुकून के लिए

बेवजह कुछ करना होता है;

कुछ ऐसा कि उसे करना ही

वजह हो उसे करने की!

अगर कुछ सुनना पड़ रहा है,

तो बेहतर होगा उसे सुनना बन्द कर दो।

अगर कुछ सोचना पड़ रहा है,

तो बेहतर होगा उसे सोचना बन्द कर दो।

अगर कुछ करना पड़ रहा है,

तो बेहतर होगा उसे करना बन्द कर दो।

करो वो, जो बेवजह करना चाहते हो!

एक दौर

24.04.22

एक दौर हुआ करता था,
जब हम (सच में) जिया करते थे।
एक दौर है अब
जब हम मर रहे हैं।

जीने के उस तौर पर सन्देह पाला,
खुद को संकट में डाला
इस तौर से जीकर।

सन्देह अब साफ है,
जाना फिर उसी दौर में है,
उसी तौर से जीकर!

मेरी तुलना

30.04.22

अगर कभी कविता से तुलना करो मेरी,
तो उसके शब्दों से मत करना,
उसकी रागिनी से करना!

कविता में डूबा आलाप हूँ मैं!
उसमें डूबा उन्माद हूँ मैं!
उसकी जो कुछ बता पाने की चाह होगी,
उसी चाह में डूबा जज़्बात हूँ मैं!

मेरी तुलना उसके शब्दों से मत करना।

गया वो ज़माना

02.05.22

गया वो ज़माना,
जब तुम्हें तुम होने के लिए
कुछ करना नहीं होता था।

इस ज़माने में तो तुम्हें तुम होने के लिए
कुछ नहीं, बहुत कुछ करना होता है!

अब तुम्हारा तुम होना इतना सहज कहाँ?!
पाना और खोना तो गुज़रे ज़माने की
बातें हुईं अब।

अब तो तुम्हें खुद कुछ बनना होता है;
तुम होने के लिए।

तुम्हारे खुद को खुद में जकड़ते इस दौर में,
तुम्हारा खुदी पर डटे रहना ही काफी है,
खुद रहने के लिए।

सपने में उड़ान

03.05.22

आज मैंने सपने में उड़ान भरी...

बड़ा मज़ा आया उड़कर!

पता चला कि उड़ना क्या होता है!

मगर अब जाकर मलाल इस बात का है

कि वो उड़ान किसी और के पंखों से भरी।

मुझे क्यों किसी और के पंखों की ज़रूरत पड़ी?

क्या मेरे पास पंख नहीं है?

क्या मेरे पंख काट लिए गए हैं?

नहीं... वो अब भी मुझ पर सही सलामत लगे हैं,

अनछुए, उड़ने को बेताब!

फिर मैंने उनसे उड़ान क्यों नहीं भरी?

क्योंकि मुझे लिफ्ट मिल गई थी.. यूँ ही,

तब लगा कि उड़ने का काम तो इससे भी हो जाएगा,

और मैं उसमें चढ़ गई।

चढ़कर पता लगा कि यहाँ उड़ना कहाँ है,

यहाँ तो बैठे-बैठे रास्ता कटा है।

उड़ना तो वो है... जब पंख फड़फड़ाए जाएँ,

पहली कुछ कोशिशों में गिरा जाए,

फिर उड़ा जाए!

हवाओं को अपने स्वयं के पंखों से ढकेलकर

स्वयं को मुक्त गगन में गमन करने दिया जाए!

अपनी राह अपनी मर्ज़ी से चुनकर,

ज़रा हवाओं के झोंकों को सहा जाए!

कुछ सहज, कुछ विपरीत!

मेरा ये जान लेना भी

कि उड़ना अब भी बाकी है,

तभी काफी है, जब मैं पंख फैला लूँ अभी!
इससे पहले कि ये पंख प्रौढ़ हो जाएँ,
फड़फड़ाना भी भूल जाएँ।

पंखों के लिए भी उम्र की एक सीमा होती है।
बात जब सपनों की उड़ान भरने की होती है,
तो उम्र है उम्मीदों की, आशाओं की,
एक इरादे की जो जब जन्म ले ले
तो उसे समय पर उड़ान चाहिए।
वरना वो इरादा प्रौढ़ हो जाएगा,
एक समय बाद, वो उड़ नहीं पाएगा।
और इरादा है!
इरादा है; आज़ाद होने का!
लिफ्ट में रखे पिंजरे से निकलकर
अपनी दिशा खुद चुनने का।
अपनी राह पर खुद उड़ने का,
अपने पंखों से!
क्या ये इरादा काफी नहीं है!;
पंखों के फड़फड़ाने के लिए?
क्यों मुझे किसी और की उड़ान को देखकर
खुश होना पड़ता है,
जब मेरे पास पंख हैं!
सही सलामत हैं!,
तो मैं अपनी उड़ान क्यों ना भरूँ?!

मुझे तो उड़ना है बस!
जाना कहीं नहीं है।
पंख हैं, तो उड़ना है बस!

लिखना कब काफी होता है?

07.05.22

लिखना कब काफी होता है?
शब्द छोटे पड़ जाते हैं,
जज़्बात गहराते जाते हैं।

लिखना अक्सर नाकाफ़ी होता है;
सब कुछ अन्त तक बताने के लिए।

कुछ तो रह ही जाता है, अनावरित होने से।
कोई गहराई ज़रूर छूट जाती है, प्रकट होने से।

असल सौन्दर्य

10.05.22

कविता का असल सौन्दर्य होता है- उसके ''भाव''!
उसके शब्दों का सौन्दर्य तो बाहरी है;
जैसे किसी ने आभूषण पहन रखे हों,
लीपा-पोती कर रखी हो बाहर से।
मगर भावों का सौन्दर्य भीतरी है;
जैसे किसी का ओज!
जैसे किसी की आँखों से झलकने वाला
भीतरी सौन्दर्य,
जैसे किसी की फ़ितरत का सौन्दर्य!

भावों का सौन्दर्य गहरा है!
हर किसी को दिखता नहीं।
दिखता उसी को है,
जिसमें स्वयं गहराई हो!

बाकी तो बस शब्दों की लय, तुकबन्दियाँ
देखकर ही मुग्ध हो जाते हैं...
जैसे किसी के बाहरी सौन्दर्य को देखकर
कोई उथला मुग्ध होता हो।

मगर जो गहराइयों के शौकीन होते हैं...
उन्हें बाहरी तो कभी दिखता ही नहीं!
वो चाहे उपस्थित हो, चाहे ना हो,
उन्हें दिखता केवल भीतरी गुण है!

"मैं" को मिटाते हैं!

May, 2022

तुम्हारा 'तुम' सीमित है,
इसलिए तुम अपने विचारों को भी कुछ हद तक
सीमित कर लेते हो!

तुम्हारा 'तुम' विस्तृत हो जाए,
तुम्हारे विचार क्या...
तुम्हारा "जीवन" विस्तृत हो जाए!

जब जीवन विस्तृत हो जाए..
फैल जाए.. अनन्त तक!
जीवन में जब उत्साह हो..
उमंग हो.. फैलाव की!..
एक आनन्द हो.. फैलने का!..
परवाह किए बिना कि मैं किसे अपना
"मैं" कह रही हूँ, किसे नहीं!
बेपरवाह होकर अगर मैं
अपना "मैं" फैला दूँ..
सब तक! हर तरफ!
जहाँ तक हो सके!

जब "मैं" ही "मैं" होगा,
तो डर क्या होगा?!

डर तभी होता है जब,

"मैं" के अलावा भी.. कोई और होता है!
कोई अनजान...
कोई ऐसा, जिसका हमें हमारे जीवन में दखल
दुख दे सकता है... डर तभी होता है!

अगर "मैं" ही "मैं" हो जाए,
तो डर की जगह ना रह जाए!

चलो विस्तार करते हैं!
जितना बन सके!
खुद से थोड़ा बाहर तक...
अपने "मैं" का विस्तार!

शुरुआत करते हैं...
एक इंच से ही सही!

या तो "मैं" हो तो हर तरफ "मैं" हो।
या तो "मैं" मुझमें भी ना हो!
तभी मज़ा है... जीने का।
वरना तो फिर डर होगा ही,
अगर "मैं" और "कोई और"
दो होंगे तो!

अगर ये मुश्किल है: मेरा "मैं",
बाहर तक विस्तृत करना,
हर तरफ व्याप्त करना,

उसका फैलाव करना...

तो चलो, शुरुआत कुछ ऐसी करते हैं,
कि मेरा "मैं" मिटा देते हैं!
ये ज़्यादा आसान है!

इस.. ना जाने कितनी विस्तृत दुनिया में,
जिसे मापा नहीं जा सकता,
कल्पना में भी नहीं!
उस पूरे में, "मैं" को व्याप्त करना
इससे ज़्यादा सरल होगा शायद;
मेरे 5 फुट 5 इंच के "मैं" को समाप्त करना!

"मैं" को मिटाते हैं!

एक नई नज़र से नज़ारे देखते हैं!
देखते है,
कैसे दिखते हैं नज़ारे;
बिना "मैं" की नज़र के!
देखते हैं,
ये नई दुनिया कैसी है!
चलो इसे भी जीते हैं!
सबमें शामिल होकर!
खुद को.. सबमें शामिल करके!
सबको.. मुझमें समाहित करके!
चलो! मैं की दीवार को... गिराते हैं!

जो हमें अलग रखती है,
दुनिया से!

जो हमारे और सबके बीच में
एक दीवार बनाती है...
चलो! उसकी ईंटों को धीरे-धीरे हटाते हैं!
और एक दीवारों रहित खुला मैदान बनाते हैं!

चलो! "मैं" को मिटाते हैं!

ज़िंदगी तो ज़िंदगी है

14.05.22

ज़िंदगी तो ज़िंदगी है।

चाहे पानी-सी बहे,

चाहे लहरों-सी उठे,

चाहे बुलबुलों-सी फूटे,

चाहे तालाब-सी ठहरी रहे..

ज़िंदगी तो ज़िंदगी है।

हम कौन होते हैं ये बताने वाले कि

ज़िंदगी कैसी होनी चाहिए,

उसे जैसा होना है, वो होती है।

कभी पानी, कभी लहर, कभी बुलबुला..

वो होती तो है ना!

काफी है इतना; उसका होना!

सुकून का अंजाम

खुला आसमान,
आसमान में बादलों के बीच खुला मकान
बादलों के बीच से उड़ान

सरसराती हवाएँ
ठण्डा बहाव

धीमें-धीमें कटता रास्ता
चेहरे पर मद्धि मुस्कान

माहौल में सुकून की नर्मी
होने वाली बारिश का जज़्बाती पैगाम

ठहर कर किया जाने वाला मधुर आराम
बस.. यही सुकून का अंजाम।

बैरागी बनकर

28.05.22

ज़िंदगी में अगर सीखना हो तो
जीवन से मत भागो।
बैरागी बनकर जो सीखा जा सकता होगा
वो सीखने लायक तुम हो नहीं अभी;
अगर तुम जीवन से भागते हो तो।

अगर तुम जीवन से भागते हो,
तो तुम्हें जीवन के झकोड़े ही निखारेंगे।
झकोड़ों से भागना कायरता की निशानी है।
झकोड़ों में रहना तुम्हें अडिग रहना सिखाता है।
और यदि अडिग रहना सीखा,
तो वो तुम्हें बैरागी से ऊँचा उठाता है।

वैराग्य कोई विकल्प नहीं होता जिसे चुना जाए।
ये तो स्वयं आ जाता है,
जिसमें आने का गुण होता है उसमें,
वही औरों की तरह जीवन जीते हुए।

जीवन में होकर ही जीवन को समझा जा सकता है,
जीवन को जाना जा सकता है,
जीवन में उतरा जा सकता है,
वो हुआ जा सकता है, जो हो सकता है;
अन्तिम संभावना तक !

उन लोगों ने एहसान किया है

01.06.22

उन लोगों ने एहसान किया है;

जिनके कहने में है दम,

जिनकी बातों में गहराई है।

जिनकी नज़रों में है चमक,

जिनके लहज़े में सुरमाई है।

जिनको फ़र्क नहीं कि दुनिया

यहाँ जाए या वहाँ जाए;

जो अपना रास्ता ऐसा बनाएँ

कि फिर दुनिया वहीं जाए!

जिन्होंने पत्थर की लकीरों को घसीटा है,

काटा है, कुरेदा है.. मिटाया है।

जो नहीं सोचा था किसी ने

वो कुछ कर दिखाया है!

जिनमें जुनून की गूंज है,

जिनमें है सुकून भी कहीं ठहरा हुआ।

जिनमें है दम अपना रास्ता बनाने का।

जिनका है तरीका सब तरफ से हटकर

अपने विचारों तक आने का।

जिनके लिए ना सुबह है ना शाम है,

हर घड़ी वो और उनका काम है।

जिनकी चाहतों ने उन्हें कभी छोड़ा नहीं।
जिनके रास्ते में पड़े किसी रोड़े ने उन्हें रोका नहीं!

ज़िंदगी तो उन्हीं की ज़िंदगी है,
जिन्होंने खेलना कभी छोड़ा नहीं!
+ पकड़ी राह को छोड़ा नहीं।

रास्ता ना समझ आया तो सुरंग बना लिया!
आगे बढ़ने की मशक्कत में,
कइयों को हौसला दिला दिया!
जो चाहा था, वो करके दिखा दिया।
कल्पना को हकीकत बना दिया!

पढ़ते बने तो

11.06.22

पढ़ते बने... तो पढ़ना,
अपने दर्द लिख रही हूँ!
नए-नए मुसलसल होते सदमों से गुज़र रही हूँ|

मैं नहीं जानती मैं क्या हूँ..
कोई दर्द इससे गहरा भी है क्या?
अपने व्यक्तित्व की एक उलझी हुई
धुन्धली-सी शक्ल दिखना..
क्या कोई साफ आईना है क्या?

देखती हूँ रोज़ अपने ज़ख्मों को
मगर कोई मरहम मिलता नहीं।
ना जाने कैसी ये कशमकश है
इस टूटे दिल का कोई सहारा दिखता नहीं।

रास्ते ढूँढती हूँ
नज़र फेरती हूँ हर तरफ
किस ओर चला जाए ये सोचते ज़माना हुआ!
मगर जवाब अब तक (क्यों?) मिला नहीं।

कदम बढ़ना चाहते हैं,
दौड़ना चाहते हैं
कमज़ोर होने से पहले सैर करना चाहते हैं
मगर ना जाने क्यों इन पर पाबन्द है!

मस्तिष्क की बुनी कई डोरियाँ
सुलगना चाहती हैं

ये आँखें अब थक चुकीं
ना जाने क्या-क्या देखते
अब.. (किसी कंधे पर सिर रखकर) रोना चाहती हैं।

सीमाओं की सलाखें लाँघकर
सुन्दर नज़ारे देखना चाहती हैं।
अन्तस का सुकून चाहती हैं।

ना जाने क्या दर्द है
जो कहा नहीं जाता
जो है मगर होना नहीं चाहता
मिटना चाहता है पर मिट नहीं पाता।

आशाएँ हैं, जो हैं बस...
क्या होने के लिए, क्या पता!
ऐसी दिशाहीन उत्तेजना
बड़ा तपाती है।

इससे बेहतर है, तेज का होना।
जहाँ रहे चमके वहीं से,
होके कहीं पे लापता।
ना कहीं जाने की चाहत,
ना कहीं लौटने की तमन्ना।
बस जहाँ है जीवन,
वहीं है जीना।

भारी पंखों से

कितने भारी पंखों से उड़ता है
वो पंछियों का झुण्ड...
कभी गीले गाढ़े कीचड़ में दौड़े हो?

बस वैसी ही होती है,
बरसात में उड़ते उन पंछियों की उड़ान!

जो शाम होते ही अपने घर के रास्ते
जाने को तैयार होते हैं।

तभी अचानक बादल छा जाते हैं,
बड़ी-बड़ी बूंदें टपकने लग जाती हैं,
वो मौसम खुलने के इंतज़ार में
दुबककर बैठ जाते हैं।

मौसम नहीं खुलता।
बारिश तेज़ हो जाती है।
शाम ढलने को आती है..

फिर खुलते हैं,
उन पंछियों के हौसलों के पंख!
वो भरते हैं *हिम्मत की उड़ान!*

बारिश की बड़ी बूंदें
उनके हल्के बदन को धकेलती हैं,
मगर उनके हौसले को नहीं हिला पातीं!

तेज़ हवाएँ उन्हें रास्ते से हटाती हैं।
काले बादलों से छाता अंधेरा
उनकी नज़र को धुन्धला करता है।

मगर इनमें से कुछ भी,

उनके हौसले को, हिम्मत को

नहीं हिला पाता!

देखना कभी उस झुण्ड को,

वो साफ बता देता है;

क्या होती है-

हिम्मत की उड़ान!

मंज़िल तक पहुँचने का जुनून!

मेरी जान का एक हिस्सा

20.07.22

वहाँ मेरी जान का एक हिस्सा बसता है।

जिसकी देह का मैं हिस्सा हूँ।

मेरा दिल जिसके खून से धड़का है।

जो मेरे जन्म का कारण है।

जो मेरे होने का किस्सा है।

उसे मुझसे अलग मत समझना।

मैं उसका हिस्सा हूँ,

वो मेरा हिस्सा है।

दुनिया जिसे "मेरी माँ" कहती है,

वहाँ मेरी जान का एक हिस्सा बसता है!

कहीं तो

11.08.22

कहीं पर निगाहें फँसी हैं,
कहीं पर निशाना लगा है।
हर कहीं, हर जगह, हर तरफ
किसी का दिल जला है।

हैं जिसकी राहें यहाँ तक,
सब उसी का फैसला है।

कहीं तो हैं दराज़ों में छिपे खज़ाने,
कहीं तो आसमाँ के साये में
सितारे लगे हैं।

है मुसलसल ज़िंदगानी यही

कहीं तो सुबह से ही नींद है,
कहीं तो कोई सुबह की दिलकशी में जगा है।

कहीं तो है किसी की नींद गायब रात में,
कहीं तो दिनों में ख्वाहिशों तले दबा है।

कहीं तो है प्यार इतना कि सिमटता नहीं,
कहीं तो शख्स पूरा प्यार से कोरा पड़ा है।

कहीं तो है समय इतना कि जाया नहीं होता,
कहीं तो है समय का भी समय नहीं।

कहीं तो डूबी हैं कश्तियाँ किनारों पे,
कहीं तो रेत पर ही चल पड़ी हैं;
समुद्र पार करने को।

यही ज़िंदगानी की कहानी, जहाँ
कहीं तो खोज ली गईं आकाशगंगाएँ,
कहीं तो स्वयं का महज़ विचार नहीं खोजा गया।

ये ज़िंदगी की है पहेली, जहाँ
कहते हैं सब है उजागर,
मगर जो उत्तर है,
वो कभी नहीं बोला गया।

कहीं तो छाई रहती है उदासी हर घड़ी
कहीं तो चेहरा कोई हँसता नहीं थकता...
कहीं तो चेहरा कोई हँसता नहीं थकता...!

ऐसी दुनिया में

28.08.22

हो तो कुछ यूँ रहा है कि

जैसे चिल्लाना उनकी फितरत है और सुनना मेरी।

अब लगता है जैसे

रास्ते के बीच कहीं पतली गली मिले तो भाग जाऊँ

किसी ऐसी दुनिया में पहुँच जाऊँ,

जहाँ ना किसी का मुँह है,

ना सुनने के लिए कान..

जहाँ कोई संवाद हो ही ना किसी के बीच

सब बस करें अपना-अपना

देखें अपना-अपना

समझें अपना-अपना।

किसी से किसी को संवाद की ज़रूरत ही ना पड़े;

किसी मतलब के लिए।

बिना सुने ही हम समझने लग जाएँ,

जो समझना ज़रूरी है।

ज़ुबान की जगह तरंगें ले लें,

जो मदद करें लोगों को अपने प्रकार के समूह में जाने में।

कुछ हद तक जानवरों, बेज़ुबानों की तरह होगी ये दुनिया।

मगर कम से कम वहाँ शान्ति होगी, सुकून होगा।

अपने प्रकार से जीवन जीने का हक़ होगा।

ये बेफ़िज़ूल की चिकल्लस न होगी

ना होगी कोई बहस कभी

मीठी-मीठी बातें ना होंगी

और प्यार होने में कोई व्यवधान होगा, ऐसा भी नहीं।

क्योंकि उसके लिए तो यूँ भी संवाद की ज़रूरत नहीं होती;

वो तो होता है तरंगों का कमाल ही।
तो सुकून की सारी गुंजाइश होगी
और बस वही चाहिए भी।

विकास के क्रम में हम इतनी आगे निकल आए
कि हमने अपनी जड़ें छोड़ दीं।
अब नौबत ये है
कि हमें जानवरों से सीखने की ज़रूरत है।

खोना चाहती हूँ

20.09.22

मैं कुछ होना नहीं चाहती।
मैं बस खोना चाहती हूँ
खयालों में, नज़ारों में,
अवलोकन में, खामोशियों में,
स्थिरता में, खुद में।

मुझे खोना आता है।
मैं खोना चाहती हूँ;
कुछ नहीं में!

क्या से क्या होगा

06.11.22

आज यहाँ क्या है
और कल क्या से क्या होगा?!
कहाँ पर जमीं और कहाँ आसमाँ होगा..

कभी मौका मिले हमें भी
और हम भी सरफ़रोश हो जाएँ,
फिर पता चले तुम्हें भी,
कि हमारे दिल में क्या है
और कल क्या से क्या होगा..

दिल-ए-दागदार को मुहब्बत की रस्म निभानी है
जो नहीं है आज, तो फिर कल सामना होगा..

गहराई में अपनी

08.11.22

होता वही है हमारे साथ
जो हम सोच रहे होते हैं,
गहराई में अपनी।

वो तो तर्कों का मायाजाल
खींच ले जाता है विचारों को हमारे
अगर-मगर के सवालों की तरफ।

वरना घटनाएँ बेहद सहज हैं जीवन की।

कभी-कभी

कभी-कभी लगता है जैसे जुदा हो रहे हैं ख़ुद से
मेरा मुझसे सब कुछ छीना जा रहा जैसे

ये आँखों की नमीं क्या है?
ये रूह की तड़प क्या है?
नहीं जानते हम कुछ भी।

अनजान हैं ज़ख्म ही,
तो मरहम क्या जानें हम!
कहाँ इस रूह की ठण्डक बसती है,
कहाँ इस जिगर का सुकून मिलता है?

कहने को एक हाड़-माँस के कड़क प्राणी हैं हम
मगर इस प्राण की नज़ाकत कोई क्या जाने!
कोई क्या जाने उसमें निहित गहनता,
उसकी गहराई,
उसका समंदर बड़ा असीम है!

कठिनाई यही है, हमारी अनभिज्ञता।
अनभिज्ञता; जो जानती है, कि उसे
सब कुछ ज्ञात है मगर कुछ नहीं पता।
अब इसे कह लो ज्ञान या समझ लो अनभिज्ञता,

बात उसी पर आकर रुकती है, जो
संघर्षरत है निरंतर जानने को, समझने को
मगर उसकी जिज्ञासाओं की पूर्ति
अधूरी रह जाती है।

कभी-कभी होता है कुछ ऐसा कि
इस प्राण को उसका घर नहीं मिल पाता,
वो दृश्य नहीं मिल पाते, वो माहौल नहीं मिल पाता।
वो प्राण नहीं मिल पाते,
जो उसकी तरह हों।
फिर या तो धीरे-धीरे विघटित होता जाता है,
या घुटने लग जाता है;
अटपटे माहौल में,
या स्वयं के स्वरूप को छोड़ने लग जाता है,
विपरीत स्वरूप आत्मसात करने के लिए।

कभी-कभी कुछ यूँ होता है,
ये दुनिया बेगानी हो जाती है,
और दिलों पर पत्थर होता है।
आँसुओं की चाहत होती है,
मगर वो आ नहीं पाते,
दुनिया की सोच का हमारी सोच पर
इतना दबदबा होता है!

कभी-कभी कुछ यूँ होता है,
एक जगता-सा सपना सोता है।
खयालों को नींद नहीं आती और
उनके जागने का इरादा मुकम्मल नहीं होता है।
कभी-कभी कुछ यूँ होता है।

ये दुनिया है दोस्त

अगर कुछ है कहीं तुममें
तो नज़र आना ज़रूरी है।

हौसला है तो दिखाना ज़रूरी है।
जो समझ ना आए तो समझाना ज़रूरी है।
जो है बात कोई तो बताना ज़रूरी है।

ये दुनिया है दोस्त;
यहाँ "जो दिखता है वो बिकता है"
जितना है उससे ज़्यादा जताना ज़रूरी है..

काश..

08.03.23

काश मैं खुद को गले लगा पाती,
काश मैं खुद को दूसरी ओर से मिल पाती।
काश..
काश मुझे सहारा देते मेरे ही कन्धे।
काश दुनिया में हर दूसरा काम मेरा मुझसे ही होता।
काश दुनिया में जीने के लिए खुद का साथ ज़रूरी होता बस।

काश ना कोई आरज़ू होती, किसी से मिलने की;
पूरा होने होने के लिए।
ना बिछड़ने का ग़म हुआ करता।
काश जीवन अकेले ही पूरा होता।

मगर ये दुनिया कहाँ ऐसी है कि अकेले जिया जाए।
यहाँ जीने के लिए साथ भी ज़रूरी है और मिलकर चलना भी।
जो दुनिया द्वैत के नियमों पर चलती हो,
वहाँ दो के बिना कुछ कैसे हो..

ये सुहाना मौसम

ये सुहाना मौसम और

ये गर्मी में सर्द हवाएँ,

(उफ़... कैसे कहें और क्या बताएँ,)

खींच रहे हैं मुझे..

दूर... बन्द मकानों से,

खुले आसमान के नीचे,

हरे रंगीन बगीचों के बीच में।

फिर बगीचों में आकर

मैं और मेरा solitude रहता है;

जहाँ मुझे दूर–दूर तक

कोई चेहरा नहीं दिखता है।

मगर मुझे दिखते हैं:

हरे-भरे पेड़, उनके फूल, उनकी पत्तियाँ

सब लहराते हुए...

हवाओं के संगीत पर झूमते हुए, नाचते हुए!

ये देखकर मैं मदहोश हो जाती हूँ।

हवाओं की सरगम का खुमार मुझ पर भी चढ़ता है!

फिर नज़र पड़ती है:

आसमान में उड़ते हुए पक्षियों के झुंड पर,

बिजली के तारों पर बैठे हुए युगलों पर।

फिर खयाल आता है कि
हवा की ये खुमारी मैं बाँटूँ किसके साथ?
यहाँ तो ये पेड़ भी हैं अपने साथियों के साथ!

तब एहसास होता है कि
मेरा एकान्त, एहसास है मुझमें मेरे साथ!
ये बाकी दुनिया तो है बस माया-जाल...
तुम्हारी चाहतों से, तुम्हारे एहसासों से
तुम्हें फँसाने का।

मगर सच तो ये है कि
बिना फँसे हम हैं कहाँ?
फँसे तो हम पहले ही हैं,
जब से हम दुनिया में हैं,
माँ की गर्भ से!

फिर फँसने से डरना क्या!
जो है जहाँ, वो रहेगा वहाँ।
कुछ बदलेगा अगर तो वो होगा:
तुम्हारे अनुभवों में इज़ाफ़ा!

मैं हूँ "आसमान"

07.04.23

मैं उस आसमान की तरह हूँ,
जो ना एक है ना दो।
जो बस "है"
जो पिरोये है खुद में ना जाने कितना बड़ा "ब्रह्माण्ड"
ना जाने कितने पिण्ड, ना जाने कितने उपनाम!

जो "है" बस – होने के लिए!
सब कुछ के होने के लिए।

मैं हूँ वो "आसमान"
एकान्त के अद्वैत में समाहित ना जाने कितना बहुवाद!
मैं हूँ आसमान का वो 'एकान्त'…

बिना राग के ना जाने कितनी रचनाएँ,
बिना चाह के ना जाने कितनी घटनाएँ…
मैं हूँ उसमें पिरोया हुआ वो रहस्यमयी संसार।

मैं हूँ "आसमान"…
जो बस देखता है सबको घुलते-मिलते;
बिना मिले किसी से..

छूकर भी अनछुआ रहता है वो- आसमान,
सब कुछ होकर भी कोरा रहता है वो- आसमान…

आँसू हृदय का श्रृंगार

17.05.23

क्या खूब कहा है किसी ने,
"आँसू हृदय का श्रृंगार हैं"
इन्हें व्यर्थ ना जाने दो,
इन्हें सींचने दो भावों को।
कला को निखरने दो!

भाव तभी बनते हैं,
जब दर्द भरा हो भीतर।
कला तभी बनती है,
कलाकार तभी बनते हैं,
गान तभी बनता है,
रचनाएँ तभी बनती हैं,
जब दर्द भरा हो भीतर!

दर्द है किसी बात का भीतर कोई,
तो उसे रहने दो।
वो कला को सींचता है।

यदि कलाकार हो तुम,
तो वो तुम्हारे लिए अच्छा है।
वो तुम्हारी कला को
उजागर करने के बहाने ढूँढता है।

हम भी तो जाने!

25.05.23

क्या सोचा है, क्या पाया है,
हम भी तो जाने!
क्या खोया है, क्या माँगा है,
हम भी तो जानें!

हम भी तो जाने; इस मस्तक में क्या रहता है।

हम भी तो जाने, इस झूठी मुस्कान के पीछे
कौन-सा झरना बहता है!

हम भी तो जाने, सच में कितना झूठ छिपा है!

हम भी तो जाने, हमदम ने कितना दर्द सहा है!

सुनो... अब कहो!
शब्द ना मिलें तो
आँखों को भी कह जाने की इजाज़त है!

सच की सच्चाई

28.05.23

मुझे लगता है कि जो मुझे लग रहा है, वो सच है।

क्या ये सच है; जो मुझे लगता है – वो सच है?

मुझे नहीं पता कि क्या सच है क्या झूठ है;

मगर मुझे पता है कि

जो हमें लग जाता है कि– सच है; वही सच है।

जो हम मान लेते हैं कि सच है; फिर वही सच है!

तो सच ये है कि हम ही अपना सच हैं!

हम बनाते हैं अपना सच;

झूठी-सच्ची कई कहानियों को जोड़कर_

अपना खरा सच!

और वो बनता है वो सच,

जो एक सिरे से झूठ होता है!

और कई झूठों को जोड़ते-जोड़ते

हम उस पूरे को मान लेते हैं- पूरा सच!

तो ये है सच की सच्चाई!

सच - पूरा सच नहीं होता!

उसमें बहुत कुछ मिला होता है।

हर इक रूह तन्हा

16.06.23

हर इक रूह तन्हा हर इक रूह प्यासी
ये प्यासों के चलते दिलों में उदासी।
उदासी भी हँसती है मुस्कान बनकर
दिलों में छुपा है वो दिखता ना अक्सर।
मोहब्बत के प्यारों की दुश्मन ये दुनिया
ये दुनिया है जिसने तराशी उदासी।
ये दुनिया है जिसने हैं बंधन लगाए
दिलों से दिलों में ये नफरत जगाए।
रूहों की तड़प को ना समझे ये दुनिया
ये चाहे कि रूहें बिछड़ें, मर जाएँ।

ऐसी दुनिया के कहने में रहना ना रहना
ये मर्ज़ी तुम्हारी - तुम्हें सहना ना सहना..
ये चाहे सहो तुम, डरो तुम, दबो तुम।
तुम्हें दबना, ना दबना - मर्ज़ी तुम्हारी!

इजाज़त तुम्हें भी है खुलकर रहो तुम,
जियो तुम!
हवा ये तुम्हारी है साँसें भरो तुम।
न दबना, न झुकना, न डरना, न रुकना।
वो जीने से रोके, बगावत करो तुम!
अड़ंगों को लाँघो या तोड़ो-
जो करना है, आगे बढ़ो तुम!
ना पीछे मुड़ो तुम, चलते-चलो तुम!

बहुत बेरुखाई है

30.06.23

'बहुत' बेरुखाई है जीवन में
'बहुत' सूनापन है;
अब होने दे हंगामा होता हो तो,
कुछ तो रस आए जीवन में, कुछ तो नया हो!

कुछ तो रास आए जीना हमें अपना
कुछ तो आज़ाद महसूस हो, कुछ तो स्वाधीनता आए..
वरना बँधे-बँधे तो दम ना घुट जाए..

चलो बहुत हुआ, अब जीकर दिखाएँ!
उछलें-कूदें नाचें-गाएँ,
चीखें-चिल्लाएँ कसकर!
जो जी में आए करते जाएँ
वरना जीना कहीं बाकी ना रह जाए,
मरते दम तक!
फिर मरते-मरते याद आए
कि- ये तो जीवन था! हमें जीना था!!

ऐसी बड़ी गुस्ताखी अब ना दोहराएँ!!
छोटी-छोटी गुस्ताखियों से जीवन भरते जाएँ।
आखिर छोटी-छोटी गुस्ताखियों से ही तो रस आता है,
उन्हीं से तो ये जीवन, जीवन कहलाता है।

हम वो होते हैं

कई बार परिस्थितियाँ ऐसी होती हैं;
हम जैसे होते हैं।
कई बार परिस्थितियाँ जैसी होती हैं;
हम वैसे हो जाते हैं।

तो मूलतः हम वैसे होते हैं,
जैसे शहरों में हम रहे होते हैं,
जिन-जिन लोगों से हम मिले होते हैं,
जिन-जिन हादसों से हम टकराए होते हैं।

न जाने कितनी असली कहानियों को हम खुद में समाए होते हैं।
हम खुद को खुद से जुदा हर एक चीज़ से सजाए होते हैं।

हमारा जीवन एक नितांत पहेली बनकर रह जाता है..
हम वो होते हैं, जो कुछ से गुज़रकर हम आए होते हैं।

ये उड़ते पंछी भी ना!

22.11.23

ये उड़ते पंछी भी ना...
उड़ने को मजबूर करते हैं!
हमारे बन्द पंखों को खोलने का इशारा करते हैं।
कहते हैं, देखो! आज़ादी कितनी है उड़ने में!
तुम भी आज़ाद हो जाओ!
मगर हम देखते हैं अपने-आप को चारों तरफ से कि

मेरे पंख कहाँ हैं?

हैं नहीं या काटे गए हैं?
या किसी ने बताया ही नहीं कि
किन्हें पंख कहते हैं?

मगर उन परिंदों को देखकर लगता तो है
कि पंख तो होंगे हमारे भी।
वरना उड़ने की चाह क्यों होती?!
चाह है तो राह भी है ही समझो।

चलो माना, कि हम उड़े भी,
उड़कर मज़ा भी आया!
मगर कब तक?
कभी तो हम भी थकेंगे ही;
फिर जाएँगे कहाँ?
अपनी राह की मंज़िल क्या होगी?
वही... जो सभी परिंदों की होती है...
''अपना घर''

निकले हम सभी हैं,

चलने को, उड़ने को,
मगर मंज़िल हमारी सभी की
एक ही होती है–
''अपना घर''
घर – जहाँ 'सुकून' बसता है।

रास्ता चाहे हमने चुना हो
मज़े के लिए, कुछ करने के लिए,
Explore और create करने के लिए
मगर 'घर' हम वही चुनते हैं_
जहाँ 'सुकून' बसता हो!

असल में यदि रास्ते पर
सफ़र के दौरान भी
हममें भीतर एक सुकून ना हो ना,
तो हम सफ़र में वो सब करने का आनन्द तो
ले ही नहीं पाएँगे, जो हम कर रहे होंगे।

और सुकून यदि सच में कहीं बसता है
तो वो ''अभी'' में बसता है,
हममें, ''इस पल'' में बसता है!

मंज़िल तो हमारी हम ही हैं!
ये खुद से भागकर
खुद तक लौटने का सफ़र,
यही सच है!

ये खुद से खुद तक का सफ़र
तुम्हें मुबारक हो!
जो तुम हो, उसे पाने का सफ़र
तुम्हें मुबारक हो! शुभ हो!

यहाँ क्या मेरा है?

30.11.23

ये ज़मीं तेरी है, ये आसमाँ तेरा है।
क्यों सोचता है ये कि क्या तेरा है?

ये जो दिखता है तुझे
ये सारा नज़ारा तेरा है।

ये हवा तेरी है।
ये जो भरती है तू खुद में
ये साँसें तेरी हैं।

ये जो सोचती है तू – "यहाँ क्या मेरा है?"
ये सोच तेरी है।

ये जीती है जो तू, ये कहानी तेरी है।

तेरे जीवन के सारे अनुभव तेरे हैं।

ये जो जलती है तुझमें वो आग तेरी है।

ये जो सुकून है - तेरा है, उसकी ठण्डक तेरी है।

ये जो समेटे है आँखों में, सपने तेरे हैं।

जो भरे तू कभी तेरी उड़ान तेरी है;

बसती है जो उसमें वो आज़ादी तेरी है।

रहती है तू जिसमें वो जहान तेरा है;

ये कहानी तेरी है!

जानती है ना इतना...
क्यों पूछती है फिर कि क्या तेरा है?!

अरे! सुन! बन्द कर सारे दरवाज़े...
झाँक खुद में...
तुझमें बसता पूरा **ब्रह्माण्ड** तेरा है!!

नौकरी की छत

31.12.23

आज मेरे सिर पर छत है।

क्या हो अगर कल ना हो?
तो सिर पर आसमाँ होगा।
अनन्त असीम आसमाँ होगा!

जहाँ चाहे मैं तारे गिनूँ,

चाहे चाँद निहारूँ,

चाहे सूरज का ताप सेकूँ,
उसे करूँ नमस्कार चाहे।
चाहे अपनी मर्ज़ी की एक
नई छत बना लूँ जब चाहे!
चाहे जैसी, काँच की/मिट्टी की/पत्थर की/
सीमेंट की/लोहे की/ या चाहे हवाई!

कल को अगर नौकरी की छत ना हो सिर पर
तो क्या होगा?
तो पूरा खुला आसमाँ होगा।
हज़ार रास्ते मिलेंगे
और बेहतर छत बनाने को।

क्योंकि खुले आसमान में विचार खुलते हैं।
सोच खुलती है, नज़रिया भी खुलता है।
जहाँ कोई बन्धन ना हो
वहाँ नया सृजन होता है!

और मैं aspire कर रही हूँ,
नया सृजन करने को, अपनी दुनिया को
और विस्तृत और समृद्ध करने को।

अब जान रही हूँ खुद को,
कि मैं कलाकार हूँ और कला बन्धन में नहीं खिलती।
और जब तक ना खिले, संतुष्टि नहीं मिलती।
कला को खिलने को खुला आसमान चाहिए!
सुनहरी धूप, ताज़ी हवा, नीला खुला आकाश, हरे नज़ारे,
शान्त मधुर श्रवण, इन सब से बना
प्यारा सुन्दर माहौल चाहिए।

क्योंकि दोस्त!
ज़िंदगी दिनों से मिलकर बनती है,
इसलिए दिन का अधिकतर हिस्सा ऐसा चाहिए।

फिर वही कारवाँ होगा

Jan, 2024

फिर वही सुबह होगी, फिर वही कारवाँ होगा
फिर वहीं खींचेंगी चीज़ें, फिर वहीं जाना होगा

जाना होगा हमें कहाँ, कहाँ ज़मीं कहाँ आसमाँ होगा
कहीं पर जाएँगे हम बिखरे-बिखरे,
कहाँ समेटने जाना होगा

कहीं तो साँसों में भरी होंगी बारूदें,
कहाँ दिल का सुकून पाने जाना होगा

कहीं तो धधकता है भीतर शोला मेरे,
कहाँ उसको जलाने का ठिकाना होगा

समेटे हैं हज़ार ख्वाहिशें ऐसे जैसे,
इन्हीं से तबाह होकर जहाँ से जाना होगा

ख्वाहिशें रखो ना दोस्त, तो उन्हें
दबाना नहीं, निभाना होगा!

ज़िंदगी यूँ ही ना हो बसर तन्हा,
किसी को तो खुद से मिलाना होगा।

फ़ासले ना बदलेंगे कभी, ना बदलेंगी मंज़िलें,
तुम्हें रास्ते पर अपने कदम बढ़ाना होगा।

देखना दोस्त, रवानी बुझने ना पाए दिलों की,
बहुत अनमोल है ये!
जीना हो तो दुनिया से नज़रें हटाना होगा!

ख्वाहिशों को जीना कोई खेल नहीं 'सहज'
मौत भी आ जाए सामने तो
खुद से किए वादे-इरादे निभाना होगा!

तुम्हें ना समझे ये गलती हमारी नहीं,
तुम्हें खुद की समझ से ज़िंदगी बनाना होगा।

दुनिया तो दुनिया है दोस्त!
तुम्हें अपनी दुनिया अपने लिए बनाना होगा।

तुम कलाकार हो, बना सकते हो दुनिया अपनी,
तुम्हें अपने रंग भरने हस्तक्षेप से दूर जाना होगा।

देखो! पिंजरे का दरवाज़ा शायद खुला हो!
बाहर निकलकर देखना,
जो कभी नहीं देखा अब तक,
वो खुला आसमाँ होगा!

तुम्हारे अपने पंख हैं, तुम्हारी अपनी उड़ान,
तुम्हारे अपने नज़ारे,
तुम्हारा अपना अलग जहाँ होगा!

तुम आज़ाद हो!
उड़ो! दौड़ो! लिखो अपनी कहानी!
तुम कलाकार हो!

तुम कहानीकार हो,
और हो कहानी के पात्र भी।
स्वयं लिखो!
स्वयं जियो!

ये तेरा जहाँ है!

02.02.24

जहाँ में इतना तूफ़ाँ है कि बसर ना हो पाए
और बसर हम करते हैं ऐसे
कि तूफ़ाँ को खुद में समेटे हों जैसे!

ये रस्ते जो जाते ये जाते कहाँ हैं
ये मंज़िल जो होती है होती कहाँ है!?

ये हम जो होते हैं ये दुनिया के अंदर
ये हम ही होते हैं या कोई और इंसाँ है!?

ये हूँ जो मैं ही हूँ, या हूँ ये नहीं मैं
है सच्चाई क्या, ये मुझे क्या पता है!

मुझे क्या पता है, क्या मेरा जहाँ है
है इस जहाँ में, या है ही नहीं, नहीं तो कहाँ है!?

बड़े ज़ख्म दुनिया में झेले हैं इसने
ना जाने ये क्या था, अब क्या से ये क्या है!
जो था ये वही है, या कुछ और है ये,
ये दुनिया क्या जाने; कि क्या था ये!

कहानी ये दुनिया की दुनिया में रहती है
सच्चाई होती क्या, दुनिया क्या जाने!
चले फिरते हैं ये बाज़ार में ऐसे,
कि मुखौटा जो है, यही चेहरा है!

है किसके क्या दिल में, ये उसकी वो जाने
मेरी मैं ही जानूँ, तेरी तू ही जाने!
ना जाने फिर क्यूँ ये कहते हैं सारे
है जो तेरे दिल में वो अच्छा-बुरा है!
ये दुनिया तो वाकिफ़ ना कोई से भी,

ना ही खुद से ही,
फिर भी ये कहती कोई कैसा है!

जैसे भी हों हम, हम ही तो हैं हम!
अब खुद से ही शिकवा क्या कर लेंगे हम!
हम ही तो जानें हममें ऐसा क्या है,
जो ले जाए चाहे तो हमको जहाँ से,
चाहे बना लें हम इससे जहाँ अपना!

ये तुझमें जो है तेरा, वो ही तेरा है,
ये दिखता है जो तुझको, तेरा जहाँ है!

ये दिखता है तुझको जो,
तुझसे ही टकराकर तुझको दिखाता है!
ये तेरा जहाँ है!

बना ले इसे या बदल दे इसे या मिटा दे इसे
ये तेरा जहाँ है!

कलम इसकी हाथों में तेरे छुपी है
तू ही इसका लेखक ये तेरा पन्ना है!
ये तेरा जहाँ है!

तू ही तुझमें बसता है, वो ही दिखता है,
बाकी मिथ्या है!
ये तेरा जहाँ है!

पटाखा: निरा नुकसान!

07.02.24

न जाने कैसा ये पटाखा

और कैसे वो इंसान..

पटाखा: निरा नुकसान!

उसकी धम-धुम, चट-फुट में उनको

न जाने क्या मज़ा मिल जाता है!

उसकी चमक-धमक में उनको

न जाने ऐसा क्या लुभाता है?!

उसके उड़ते धुएँ का उनको

क्या एहसास नहीं हो पता है?..

उसने उनके मस्तिष्कों को ढक लिया है शायद..

उसकी गंध उन्हें सुगंध लगती होगी शायद..

उसके चमकीले रंगों में उन्हें स्वर्ग दिखता होगा शायद..

उसके धमाके में उन्हें परम-आनन्द आता होगा शायद..

तभी तो.. उसके लिए कर रहे न जाने कितना कुछ कुर्बान!

पैसों की तो बात ही छोड़ो..

उसका मोल चुकाने को

शान्ति, शुद्धधता, प्रकृति, जीवन..

ये सारे होते बर्बाद!

ऐसा भी क्या उत्पाद, जिससे हो निरा नुकसान!

न जाने कितने बड़े-बड़े कारखानें

रखे हैं बारूदों का बोझ;

जो उसमें उड़े एक चिंगारी,

वो बने वीभत्स विस्फोट!

नहीं चाहिए हमें पटाखा, बम-बारूद-विस्फोट!

न जाने कैसा वो पटाखा

और कैसा आतंकी इंसान!

पटाखा: निरा नुकसान!!

(पटाखा फैक्ट्री ब्लास्ट: हरदा, म.प्र. - 06/02/24)

वो कलाकार है

वो कलाकार है।
उसका प्रोत्साहन ज़रूरी है,
अगर नहीं किया गया तो वो टूट जाएगा।
वो फिर कला नहीं कर पाएगा।

उसे बताओ कि वो खास है।
कला का कोई मापदंड नहीं होता।
कला में *मौलिकता* खास है!
और वो उसके पास है!
इसीलिए उसकी कला खास है।

उसे बताओ कि वो बहुत खास है!
सबसे अलग.. सारे जहाँ से अलग!
उसकी कला में कुछ अलग एहसास है;
बिल्कुल उसकी तरह!

उसे मत कहो कि "वो मेल नहीं खाता सबसे
उसे मेल कहना चाहिए",
बल्कि उसे मेल बिल्कुल नहीं कहना चाहिए!
वो मेल खाएगा तो छुप जाएगा।
वो अपने तरीके से दिख नहीं पाएगा।

उसका ज़रा हटके नज़र आना ज़रूरी है।
वो जो है, उसका वही बन जाना ज़रूरी है!
इसलिए नहीं कि दुनिया उसकी तवज्जो करे,
इसलिए कि वो खुद अपने-आप को जान पाए,
खुद की तवज्जो कर पाए!

वो कलाकार है।
कला बन्धन में, कायदों में नहीं बनती।
वो कोई व्यापारी नहीं जो दूसरों के लिए बनाए कलाएँ,
वो कलाकार है, वो अपने लिए जीता है।
वो कला स्वयं के लिए करता है।

उसे करने दो अपनी कलाएँ,
वो जैसे चाहे!

अपना खज़ाना देखो

11.04.24

सबको सबकुछ मुकम्मल कहाँ होता है यहाँ
किसी को ज़मीं तो किसी को आसमाँ नहीं मिलता!
(किसी को नसीब है ज़मीं तो किसी को नसीब है आसमाँ पूरा)
गर मिल भी जाए सबकुछ तो किसी को भी समय पूरा नहीं मिलता।

मछलियाँ तैरती हैं पानी में,

उन्हें हवा की उड़ान नहीं मिलती!

चिड़िया उड़ती है हवा में,

उसे पानी का जहान नहीं मिलता!

और हम खोए रहते हैं खयालों में अपने

कि उसे ये मिला, हमें क्यों नहीं मिलता!

नहीं मिलता दोस्त! सबको सबकुछ नहीं मिलता।

क्या हो गर कहे मछली –

मुझे हवा में उड़ान भरनी है,

उसकी मेहनत बेकार जाएगी।

क्या हो गर चिड़िया चाहे तैरना पानी में,

वो डूब जाएगी!

सबका नसीब एक-सा नहीं होता,

सबका खज़ाना एक-सा नहीं होता।

किसी का खज़ाना ना देखो,
तुम भी खाली हाथ नहीं हो!
तुम अपना खज़ाना देखो।

क्या हो गर ग़ौर करें मछली और चिड़िया

अपनी-अपनी विरासत पर,

वो और बेहतर जी पाएँगी!

तो अपने हिस्से के हवा-पानी पर ध्यान धरो।
तुम्हारे हिस्से की ज़िंदगी का सम्मान करो।

देखो! कि तुम्हें भी कितना कुछ मिला है!
देखो! कि जो तुम्हारा है वो कितना खास है!
शायद ही किसी और के पास है!
फिर देखो कि ये दुनिया कितनी हसीन लगती है तुम्हारी!
क्योंकि ये है – हसीन...
उतनी ही जितनी तुम हो!
तुम्हारे हिस्से तुम हो!!

चाँद पूर्णिमा का

24.05.24

चाँद को लगाकर टकटकी देखने को जी चहता है।
मगर कमबख़्त समय कम पड़ जाता है!

समय तो होता है पूरा
मगर आखिर हम वैरागी जो नहीं।
हमें भी काम करने होते हैं, ज़िंदगी जीने को
कुछ भविष्य की योजनाएँ, कुछ वर्तमान की परवाह,
कुछ भूत की सीखों में...
समय कम पड़ जाता है!

ये जानते हुए कि समय कम ही है,
चाहे कितना ही हो;
हम वो नहीं करते जो दिल को भाता है।
हम नहीं देखते चाँद को बैठकर घण्टों,
हम नहीं देखते प्रकृति की शालीनता को
slow motion में घटते हुए।
हम नहीं करते अवलोकन स्थिरता का।
हम नहीं दोहराते वो यादें जो बेहद सुहानी थीं।
हम नहीं बैठते स्थिर चुपचाप..
आखिर हम वैरागी जो नहीं!
कुछ ना कुछ ''करने'' का जी जो चाहता है।
बिना कुछ करे सुकून तो मिलता है मगर
चैन कहाँ आता है!

ये चाँद पूर्णिमा का कभी-कभी आता है
मगर हमारी रोज़मर्रा की जीवन यात्रा में
समय कम पड़ जाता है!
चाँद वो निहारे बिना ही.. घट जाता है!

एक छोटा-सा बीज

03.09.24

ये हरी पत्तियाँ जीवन का प्रमाण देती हैं हमें।

ना दिखें तो सब कुछ उजाड़ लगता है।

दिखें तो ही लगता है कि ज़िंदा हैं हम!

तो ही लगता है कि हाँ ये जीवन है!

कितनी जीवंत होती हैं ये हरी पत्तियाँ

कितना जीवंत होता है वो बीज!

जो मिट्टी में दफ़न होकर भी

खोल देता है अपनी परतें!

और खोलता जाता है वर्षों तक!

उसकी जीवंतता दरअसल

दफ़न होकर ही प्रकट होती है!

उसके ज़िंदा होने की चाह

उसमें कैद रहती है; तब तक,

जब तक वो दफ़न ना हो जाए।

फिर फूट पड़ती है उसकी अभिव्यक्ति

दफ़न होने पर; इतने इंतज़ार के बाद!

इतनी प्रबल चाह! फलने-फूलने-फैलने

और अपनी विरासत बनाए रखने की,

कि वो मरने नहीं देता उगने की चाह,

दफ़न होने तक!

वो उसे बचाए रखता है।

एक छोटा-सा बीज,

अपने अंदर एक **वृक्ष** छिपाए रखता है!

जादू और विज्ञान

एक पहल चली है सरकारी स्कूलों में;
(अंधविश्वास मिटाने के लिए, बड़ी अच्छी पहल है)
वो कहते हैं कि:

"जादू नहीं विज्ञान है, समझना-समझाना आसान है"

पर ये समझते-समझाते मैंने समझ लिया है कि-
ना ये जादू है, ना विज्ञान है...
सब कला है;
जादू इंसान की, और विज्ञान ईश्वर की!
सब कला है!

विज्ञान समझने की वस्तु है और
कला महसूस करने की।
जब आप विज्ञान का गहराई से अवलोकन करते हैं,
तब आप महसूस करते हैं कि वह कला है... उच्चतम परम शक्ति की!

छोड़ आए हम

26.11.24

छोड़ आए हम वो गलियाँ...♫♪♪
(दफ़्तरों की)

. . .

छोड़ आए हम वो गलियाँ
अब और गलियाँ जाएँगे।

छोटी-सी है ज़िंदगी,
कब तक वहीं बिताएँगे?

आखिर फ़कीरा हैं, मस्तमौला हैं हम!
घूमेंगे-फिरेंगे मौज मनाएँगे..

घाट-घाट का पानी चखेंगे,
तभी तो अनुभव आएंगे!

फिर कहेंगे शान से कि हाँ...
एक ज़िंदगी जी है हमने!...
खुद की शर्तों पे,
अपने कदमों से,
अपने बल पे!

उड़ने दो!

हाँ... फिर से उड़ चला... ♫ ♪ ♫ ♪♫

...

अबकी बार उड़ने दो इसे!

जाने दो जहाँ जाना चाह रहा है बरसों से।

घूमने दो डगर-डगर, शहर-शहर,

चप्पा-चप्पा छानने दो!

देखने दो इसे भी आखिर ये चाहता क्या है!

करने दो इसे भी प्रयत्न अपने!

जाने दो उस पार की दुनिया भी देखने दो।

इसे खुद को भी जानने दो।

करने दो तलाश,

देखें आखिर क्या निकलकर आता है!

उसके अंदर एक सैलाब है,

वो लेकर जाएगा उसे कहीं!

उसके अंदर एक आवाज़ है,

वो बताएगी उसे रास्ता!

हरदम मत पड़ा करो पीछे उसके!

अब छोड़ो उसे आज़ाद भी।

उसे भी अधिकार है जन्मसिद्ध,

कि वो अपने जीवन की दिशा खुद चुने।

वो अपने जीवन का राही खुद है,

रास्ता उसे ही तय करना है आखिर!

वो वो नहीं जो तुम सोचते हो,

वो वो है जो वो खुद भी नहीं जानता,

मगर वो ही जान सकता है।

उसे खुद को खोजने दो!

करने दो चहल-कदमी,

भरने दो उड़ान!

तय करने दो रास्ता!

अरे! ये आसमाँ पूरा खाली पड़ा है!

जैसे उसके लिए ही बना है!

बहुत जगह है इसमें!

मत रोको उसे!

आखिर ये जीवन बार-बार नहीं मिलता!

अब उसे आबाद कर दो!

उसे भी पूरा हक़ है जीवन जीने का,

अपनी तरह से!

अगर-मगर के सवाल

27.11.24

ये अगर-मगर के सवाल
कहीं जाने नहीं देते।

मगर, इन अगर-मगर के सवालों के परे भी
एक दुनिया है।
जहाँ जो है, सो है!
जहाँ जो है प्रत्यक्ष है,
सब कुछ स्पष्ट है।

चलो चलें, देखें!
(अगर-मगर के सवालों के) परे की दुनिया में
देखें कि ये जो बातों ने, डरों ने रोक रखा है,
वो सच है भी,
या वो है ही नहीं...

चलो देखें,
ये जो सवालों ने हमें बाँध रखा है,
उनका सच क्या है?!

देखें, ये दुनिया कहाँ तक दिखती है,
देखें, कि ये अगर-मगर कोई वहम तो नहीं!

केवल तुम्हारी सुरक्षा के खातिर,
कहीं तुम्हें फँसा तो नहीं रखा है?!

चलो!
हिम्मत-साहस-जुनून और जिज्ञासा का बस्ता बाँधो!
देखें! कि आखिर सच क्या है!

अपना "क्यों" ध्यान रखना

28.11.24

समय-समय पर लगेगा तुम्हें,
"क्या लौट जाएँ वहीं, जहाँ से छोड़ आए...
ज़िंदगी तो वहाँ भी अच्छी ही थी, (फिर ये मशक्कत क्यों)"
पर तुम अपना "क्यों" हमेशा ध्यान रखना।

हर वो बात, वो हर एक याद,
तुम्हें मजबूर करने वाली वो घटनाएँ
याद रखना।
तुम्हारे सपने, तुम्हारी प्रेरणा, तुम्हारा उद्देश्य,
तुम्हारा हौसला और विश्वास हमेशा साथ रखना।

कहते हैं कि अपनी मंज़िल की ओर
जो निरंतर बढ़ते हैं, सतत चलते हैं,
उन्हें मंज़िल मिल ही जाती है!

लेकिन अगर कभी तुम्हें थकान आए,
तो रुक जाना,
थोड़ा आराम करके फिर उठ जाना।

अपना जुनून हमेशा बरकरार रखना।
जो चिंगारी तुममें लग चुकी है,
उसकी आग सदा जलाए रखना।

आखिर तुम वो तो कतई नहीं,
जो कठिनाइयों से मुँह मोड़ ले।
तुमने खुद चुना है रास्ता संघर्ष का,
कुछ पाने की खातिर,

अपने सपनों की खातिर।
अपना उद्देश्य नज़रों में बसाए रखना।

दुनिया तो कहेगी तुम्हें बहुत कुछ,
विचलित करने की कोशिश करेगी।
तुम जो सोचते हो, उसके विपरीत बात करेगी।
मगर तुम याद रखना – वो वो हैं, तुम तुम हो।
वो नहीं सोच सकते, जो तुम सोचते हो।
उन्हें मत समझाना, उन्हें कहने देना
और अपना फोकस बनाए रखना।

ये ज़िंदगी तुम्हारी है दोस्त!
तुम वो ही करना जो 'तुम' करना चाहते हो।

तुम्हारी ज़िंदगी का सुकून तभी है,
जब तुम संघर्ष करो जीवन पथ पर;
जब तुम लक्ष्य प्राप्ति में लगे रहो!

फिर जब पा लोगे,
तब दुनिया अपनी बातों से पलटेगी।
तब भी उसकी बातों में मत आना।

कुछ देर की सांवेगिक तरंगें स्वाभाविक हैं,
मगर जीवन में हमेशा सम-भाव बनाए रखना।

जैसे तुम चाहते हो जीना,
वो दृश्य दृष्टिकोण में बसाए रखना।

ये दुनिया कुछ भी नहीं है,
सिवाय अद्वितीय घटनाओं के।

घटनाएँ घटती रहेंगी,
तुम अनुकूलन-समायोजन बनाए रखना।

ये दुनिया कुछ भी नहीं है, सिवाय तरंगों के।
अपनी तरंगों में सौंदर्यबोध की सुगंध भी
सजाए रखना।

तुम चेतना हो!
अपनी चेतना की ज्योति जलाए रखना।
तुम जीवन हो!
अपनी जीवंतता बनाए रखना।

तुममें बहुत शक्तियाँ हैं, ये भूलना मत..
अपनी काबिलियत का अंदाज़ा रखना,
अपनी क्षमताओं को बढ़ाते जाना,
अपने विकास का क्रम बनाए रखना।

ज़िंदा हैं हम!

16.01.25

ऐसा है दोस्त! कि
ज़िंदगी है तो "ज़िंदा" हैं हम!
अब करेंगे वही, जो करके लगे कि "ज़िंदा" हैं हम!

अरे! जो तुम इतनी मेहनत करते हो,
जीवन को जीने की खातिर,
क्या तुम्हारी मेहनत का फल उससे मेल खाता है;
जो तुम्हारा उद्देश्य है?
क्या तुम्हारी मेहनत की दिशा तुम्हें वहाँ लेकर जा रही है,
जहाँ तुम्हें जाना है? (इस एक मात्र जीवन में)
अगर नहीं, तो अपनी मेहनत की दिशा बदल लो!
इसे उधर कर लो, जिधर तुम्हारा उद्देश्य है।
जिधर तुम्हें लगे कि हाँ, हमने *जिया* है जीवन!
हमने जीवन में कुछ *किया* भी है।
लगे कि तुम वो बनने की दिशा में हो,
जो तुम उम्मीद करते हो खुद से बनने की,
कि तुम 'तुम' बन रहे हो,
वो तुम, जो कोई और कभी हो नहीं सकता।
उम्मीदें अपनी पूरी करो दोस्त...
औरों की नहीं।
तुम्हारी ज़िंदगी, तुम्हारी ज़िंदगी है!
उनकी नहीं।

और अगर तुम्हारी दिशा मेल खाती है तुम्हारे उद्देश्य से,
तो बधाई हो तुम्हें... **ज़िंदा हो तुम!!**

पाने की लालसा

24.03.25

पता है...

जब कुछ पाने की लालसा चरम पर होती है,

तब वो नहीं मिलता... (कुछ यानी : कुछ भी..!)

मगर वो मिलता है!

वो मिलता है, जब वो लालसा शान्त हो जाती है।

वो मिलता है, जब तुम उस लालसा के साथ

ठहरना सीख जाते हो...

इतना... कि तुम उसे भूल जाते हो..!

वो तब मिलता है!

(तुम्हारी उम्मीदों से परे!)

कवि का जन्म

31.03.25

तुम्हें ना.. अकेलापन कवि बनाता है।

जब बातें सुनने के लिए तुम्हारे पास कोई शख़्स नहीं होता,

तब तुम बातें सुनाते हो खुद को...

या तो आईने में, या काग़ज़ पर।

तुम अपनी बातों को जमा कर, प्रवाह में आ कर, कलम उठा कर,

उन्हें शब्दों की व्यवस्था में उकेर देते हो

काग़ज़ों पर...

और फिर पढ़ते हो उसे ऐसे,

जैसे तुम उसे सुन रहे हो..।

कुछ ऐसे फिर तुम खुद को सुने जाने की

तसल्ली देते हो।

मेरे लिए खुद ही की बातें सुनने का तरीका है,

मेरे लेख और कविताएँ।

मगर जब तुम्हें सुनकर लगता है कि –

वाह! क्या कहा है! ;

तब तुम सोचते हो कि इन्हें केवल खुद तक नहीं रखा जाना चाहिए..

इन्हें औरों तक भी सही सलामत पहुँचाया जाना चाहिए।

इस तरह से तुम अपनी अनुभूति की ख़ूबसूरती

औरों से साझा करने की चाह में

छापने लगते हो किताबें

और बनने लगते हो कवि या लेखक... दुनिया की नज़रों में...

(Unintentionally.)

इस तरह "अकेलेपन का सौन्दर्यबोध" तुम्हें कवि बनाता है।

दर्पण

05.04.25

दर्पण भी 'भ्रम का प्रमाण' है;
(सपनों की तरह, मरीचिका की तरह)
क्योंकि उसमें वास्तव का 'आभास' होता है,
वास्तव नहीं होता।

हमारी इन्द्रियों की सीमितता
इसी से दिख जाती है,
कि आँखों को जो लगता है- सच है,
वो दर्पण के उस पार का 'सच'
नहीं होता।

एक मामूली दर्पण, उसका मामूली विज्ञान
इतना धोखा दे सकता है, तो
इस विशाल (vast) दुनिया/विज्ञान/ब्रह्माण्ड
का तो क्या ही कहना!

मुझे यकीन है,
किसी बड़े धोखे में हैं हम!!

कई प्रतिबिम्ब बाकी हैं अभी..

उन्हें भी पहुँचाती रहूँगी आप तक,

अगली किताबों से जल्द ही...

मेरे साथ चलने के लिए, मुझे पढ़ने के लिए, सुनने के लिए, समझने के लिए...

धन्यवाद!

नमस्ते

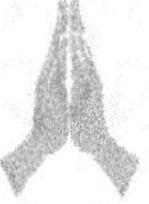

अन्य किताब :

" The Beauty Within: Heal, Grow and Love Thyself **"**

by *Saumya Tiwari*